Reichsgerichts-Entscheidungen
in kurzen Auszügen

Zivilsachen — Band 160

1940

J. Schweitzer Verlag, Berlin und München

Reichsgerichts-Entscheidungen

in kurzen Auszügen

Zivilsachen Band 160

1 9 4 0

J. Schweitzer Verlag, Berlin und München

Printed in Germany

Druck von Dr. F. P. Datterer & Cie., Freising-München.

Von dieser Sammlung erschienen folgende Bändchen:

I. Zivilsachen:	Bd. 76—100	. . .	je	RM.	0.80
	„ 101—140	. . .	je	RM.	1.—
	„ 141—155	. . .	je	RM.	2.—
Serien:	„ 76—155	mit 3 Reg.	zus.	RM.	76.—
	„ 81—155	83—119 / 120—130	zus.	RM.	71.—
	„ 91—155	131—140	zus.	RM.	61.—
	„ 101—155		zus.	RM.	53.—
	„ 111—155		zus.	RM.	43.—
	„ 121—155	mit 4 Reg.	zus.	RM.	33.—
	„ 131—155	mit 4 Reg.	zus.	RM.	28.—
Gesamtregister zu	Bd. 83—119	. . . .		RM.	6.—
Gesamtregister zu	Bd. 120—130	. . . .		RM.	1.80
Gesamtregister zu	Bd. 131—140	. . . .		RM.	1.50
Gesamtregister zu	Bd. 141—150	. . . .		RM.	1.50
II. Strafsachen:	Bd. 45—55	. . .	je	RM.	0.80
	„ 56—64	. . .	je	RM.	1.—
	„ 65—72	. . .	je	RM.	2.—

Serie: Bd. 45—72 mit Ges.-Reg. zu Bd. 45—60 zus. RM. 29.—

Gesamtregister zu Band 45—60 . . . . RM. 3.70

Jedes Bändchen entspricht einem Bande der amtlichen Sammlung.

1. Forderungsabtretung. Vergleich. (BGB. §§ 242, 276.) Eine Forderung wurde Erfüllungs halber abgetreten. Der Abtretungsempfänger schloß mit dem Schuldner einen Vergleich, durch den er ihm einen Teil der Forderung erließ. Der ursprüngliche Gläubiger klagte hiewegen gegen den Abtretungsempfänger auf Schadenersatz. Das Berufungsgericht wies die Klage ab mit der Begründung, daß dem Beklagten seine Prozeßbevollmächtigten dringend zu dem Abschluß des Vergleichs geraten hätten. Das Reichsgericht verwies die Sache zurück. Da dem Beklagten die Forderung nicht an Zahlungsstatt, sondern Erfüllungs halber abgetreten worden war, war er gegenüber dem ursprünglichen Gläubiger treuhänderisch gebunden, für die Erhaltung und gute Verwertung der Forderung Sorge zu tragen und aus ihr mit verkehrsüblicher Sorgfalt seine Befriedigung zu suchen. Diese Bindung stellte ein Rechtsverhältnis besonderer Art dar, dessen Inhalt mit Rücksicht auf die Belange der Beteiligten aus den allgemeinen Grundsätzen des Schuldrechts zu gewinnen war. Der Abschluß eines mit Schuldnachlaß verbundenen Vergleichs kann dem Abtretungsempfänger nicht grundsätzlich verwehrt sein; er bedarf dazu auch nicht der Zustimmung des ursprünglichen Gläubigers. Er muß aber diesem gegenüber das Mißlingen des Versuchs, die Forderung zum vollen Betrag einzuziehen, rechtfertigen und hiezu darlegen, daß die gegebene Lage den Abschluß des Vergleichs auch mit Rücksicht auf die Belange des ursprünglichen Gläubigers gerechtfertigt habe. Der Hinweis auf den Rat der Prozeßbevollmächtigten reichte hiefür nicht aus, da der Vergleich vor Durchführung der angeordneten Beweisaufnahme geschlossen worden war und dem Beklagten die Möglichkeit gewährte, sich für seine Forderung voll zu befriedigen. Das legte den Verdacht nahe, daß er mehr auf seine eigenen Belange als auf jene des Klägers geachtet hatte. Das Berufungsgericht hätte auf einer eingehenden Darlegung der Gründe bestehen sollen, die bei der damaligen Rechtslage dem Beklagten den Abschluß des Vergleichs behufs bester Verwertung der abgetretenen Forderung als notwendig erscheinen ließen. (VII, 21. Februar 1939.)

Amtl. Sammlg. S. 1—2.

Vgl. Bd. 53 S. 416; Bd. 59 S. 190; Bd. 65 S. 79; Bd. 114 S. 347.

2. Kraftwagenverkehr. Haftpflichtversicherung. Führerflucht. Versicherungsfall. Obliegenheit. Treu und Glauben. (VersVertrG. § 6.) Der Eigentümer eines Kraftwagens war mit diesem gegen die Folgen der gesetzlichen Haftpflicht versichert. Am 11. März 1934 überfuhr er mit dem von ihm selbst gesteuerten Wagen einen Radfahrer; um sich der Feststellung der Tat zu entziehen, fuhr er weiter, ohne sich um den Verletzten zu kümmern. Dieser hatte einen Schädelbruch erlitten und starb am 25. März 1934. Es gelang zunächst nicht, die Sache aufzuklären. Im Januar 1937 wurden die Ermittlungen neu aufgenommen; am 2. Juni 1937 wurde der Täter wegen fahrlässiger Tötung und Führerflucht zu einer Gefängnisstrafe verurteilt. Am 31. März 1937 teilte er der Versicherungsgesellschaft den Fall mit; diese lehnte den Versicherungsschutz ab, weil er den Schaden nicht rechtzeitig mitgeteilt und seine Pflicht zur Aufklärung des Tatbestandes und Minderung des Schadens verletzt habe. Auf dieser Weigerung blieb sie bestehen, als die Witwe des Verletzten Ansprüche auf Schadenersatz erhob. Die Klage auf Gewährung des Versicherungsschutzes wurde vom Berufungsgericht abgewiesen. Das Reichsgericht verwies die Sache zurück. Versicherungsfall ist bei der Haftpflicht nicht das Schadensereignis, sondern die Inanspruchnahme des Versicherungsnehmers durch den Geschädigten. Die Witwe des Verunglückten hatte gegen den Kläger zum erstenmal am 2. Juli 1937 Ansprüche erhoben. Der Auffassung, daß schon das im Jahr 1934 eingeleitete polizeiliche Ermittlungsverfahren als Versicherungsfall anzusehen sei, trat das Reichsgericht entgegen. Mag man an die Art der Inanspruchnahme des Versicherungsnehmers noch so geringe Anforderungen stellen, so ist doch erforderlich, daß der Verletzte ihm zu erkennen gibt, er wolle ihn für die Folgen des Unfalls haftbar machen. Aus dem Ermittlungsverfahren ersah das der Kläger nicht. Bei der Verpflichtung des Klägers, alles zu tun, was zur Aufklärung des Tatbestandes und zur Minderung des Schadens erforderlich war, handelte es sich nicht um eine echte Vertragsverpflichtung, sondern nur um eine Obliegenheit. Nach den Versicherungsbedingungen der beklagten Gesellschaft trat eine Leistungsfreiheit des Versicherers ein, wenn eine Obliegenheit vorsätzlich oder grob fahrlässig verletzt wurde, die nach dem Eintritt des Versicherungsfalls der Gesellschaft gegenüber zu erfüllen war. Im gegebenen Falle wurde aber dem Kläger die Verletzung einer Obliegenheit vorgeworfen, die vor dem Versicherungsfall lag. Auch Treu und Glauben rechtfertigten keine andere Betrachtung. Sie sind allerdings für das Versicherungsverhältnis ganz besonders bedeutsam, können aber die festen Begriffe des Versicherungsrechts nicht auflösen. Wenn sie auch dahin führen können, daß der Versicherungsnehmer seinen Anspruch ganz oder teilweise einbüßt, obwohl für den betreffenden Fall keine Verwirkung vereinbart worden ist, so kann das doch nur bei ganz grober Verletzung tragender Obliegenheiten in Frage kommen; die Verletzung muß die Grundlage der Versicherung gefährden. Die Annahme des Berufungsgerichts, daß das bei jeder Führerflucht zutreffe, wurde vom Reichsgericht nicht gebilligt. Das Fehlen der Ursächlichkeit spielt auch sonst im Versicherungsrecht eine beachtliche Rolle (§§ 25, 28, 32 VersVertrG.). Unter diesem Gesichtspunkt ist nach Treu und Glauben zu berücksichtigen, wie sich der Verletzte selbst vor und bei dem Unfall benommen hat, ob ihn insbesondere ein Mitverschulden trifft, ob von anderer Seite baldige Hilfe gekommen ist, ob etwa gerade das Verhalten des Verletzten den Haftschaden vergrößert oder die Aufklärung des Sachverhalts verhindert hat. Erst nach Aufklärung aller Umstände des Falles läßt sich beurteilen, ob die Rücksicht auf Treu und Glauben den Versicherungsanspruch ganz oder zum Teil ausschließt. (VII, 24. Februar 1939.)

Amtl. Sammlg. S. 3—7.

Vgl. Bd. 152 S. 235; Bd. 156 S. 378; Bd. 158 S. 6.

3. Rechtsweg in Steuersachen. Vermögensübernahme. (BGB. § 419; RAbgO. § 330.) Eine Aktiengesellschaft (B.) richtete in einem ihr gehörigen Haus Räume für ein Lichtspieltheater ein. Eine G. m. b. H. (V.) pachtete im Jahr 1927 die Räume auf 15 Jahre. Zum Betriebe des Lichtspieltheaters wurde eine weitere G. m. b. H. (L.) gegründet; diese erkannte am 1. März 1929 an, der B. 140000 RM. zu schulden. Am 20. Dezember 1933 übertrug die V. ihre Rechte und Pflichten aus dem Pachtvertrag mit der B. auf die Aktiengesellschaft U. Sie erklärte hiebei, daß die Verbindlichkeiten einschließlich ihrer Steuerschulden und der Steuerschulden der L. nicht mehr als 100000 RM. betrügen, und daß sie die Einrichtungsgegenstände des Lichtspieltheaters der B. zur Sicherung ihrer Ansprüche überlassen habe; ihre Rechte an diesen Gegenständen übertrug sie gleichfalls auf die U. Die L. schloß sich dem Vertrage an. Das Finanzamt verlangte von der U. die Zahlung von Umsatzsteuer der L. Ihr Widerspruch wurde zurückgewiesen. Sie klagte auf Feststellung, daß sie für diese Steuerschuld nicht oder doch nur mit dem von ihr übernommenen Vermögen der L. hafte. Das Berufungsgericht wies die Klage ab, behielt aber der Klägerin die Beschränkung ihrer Haftung auf das übernommene Vermögen vor. Die Revision der Klägerin blieb erfolglos. Das Finanzamt kann das Zwangsverfahren auch gegen Personen anordnen, die nach bürgerlichem Recht kraft Gesetzes verpflichtet sind, die Schuld zu erfüllen. Diese haben dagegen das Recht des Widerspruchs. Gegen die Entscheidung des Finanzamts, die den Widerspruch zurückweist, ist innerhalb eines Monats die gegen das Deutsche Reich zu richtende Klage vor Gericht zulässig. Sowohl das Widerspruchverfahren als auch das gerichtliche Verfahren sind nur mit der Frage befaßt, ob die Personen, gegen die das Zwangsverfahren eingeleitet werden soll, nach bürgerlichem Recht kraft Gesetzes verpflichtet sind, die beizutreibende Steuerschuld zu erfüllen. Diese Pflicht wurde im vorliegenden Falle darauf gestützt, daß die U. das ganze Vermögen der L. übernommen habe. Das Berufungsgericht hatte angenommen, daß unter den Vermögenswerten, welche die Klägerin durch den Vertrag übernommen hatte, sich auch das ganze Vermögen der L. befand. Die Klägerin behauptete, die L. habe überhaupt kein Vermögen gehabt, sondern das Lichtspielhaus nur im Auftrage der B. geführt: die Einrichtung des Unternehmens habe der L. zur Zeit des Vertragsschlusses nicht gehört, weil sie der B. für eine erhebliche Schuld zur Sicherung übereignet gewesen sei. Das Berufungsgericht hatte aber festgestellt, daß die L. Inhaberin der Betriebseinrichtungen war und daß die Klägerin diese Einrichtung durch den Vertrag von der L. als Mitunterzeichnerin unmittelbar übernommen habe. Die Einrichtung hatte einen erheblichen Wert und war mit Pachtrückständen nur geringfügig belastet; demgemäß stellte auch der Anspruch gegen die B. auf Rückübereignung, der nur durch die Tilgung der Rückstände aufschiebend bedingt war, einen erheblichen Wert dar. Dieser Wert war das gesamte und einzige Vermögen der L. Als Erfordernis einer Vermögensübernahme im Sinne des § 419 BGB. ist anzusehen, daß die übereigneten Gegenstände in ihrer Zusammenfassung einen Vermögensinbegriff darstellen. Das traf im vorliegenden Falle zu. Im Berufungsurteil war allerdings nicht festgestellt, daß die Klägerin beim Abschluß des Vertrags wußte, daß sie damit das Vermögen der L. übernahm. Es genügte aber, wenn sie die Verhältnisse kannte, aus denen sich das ergab. Das traf zu. Die Klägerin wußte die Sachlage im allgemeinen, soweit sie bei der Verworrenheit der vertraglichen Verhältnisse von Außenstehenden überhaupt zuverlässig beurteilt werden konnte; sie hatte auch die Mitunterzeichnung des Vertrags durch die L. verlangt und durchgesetzt. Damit wollte sie erreichen, daß die wertvolle Einrichtung ihr zu eigen wurde, von der sie annehmen mußte, daß sie der L. gehörte und deren ganzes Vermögen darstellte. Wenn sie sich dabei in einem Rechtsirrtum über die dadurch für sie entstehende Haftung befand, schloß das nicht aus, daß sie die gegenständliche Voraussetzung einer solchen Haftung überblickte. (VII, 3. März 1939.)

Amtl. Sammlg. S. 7—15.

Vgl. Bd. 76 S. 1; Bd. 85 S. 168; Bd. 123 S. 52; Bd. 134 S. 121; Bd. 154 S. 370; JW. 1937 S. 217.

4. Ehescheidung. Widerspruch. (EheG. § 55.) Die Parteien waren seit dem Jahr 1919 verheiratet. Die Ehe blieb kinderlos, war aber durchaus harmonisch, bis der Ehemann ein Liebesverhältnis mit einem Mädchen anfing. Dieses führte im Jahr 1935 zur Trennung der Ehegatten. Eine im Jahr 1936 erhobene Scheidungsklage des Ehemannes wurde abgewiesen. Eine weitere, auf das neue Ehegesetz gestützte Scheidungsklage wurde in zwei Rechtszügen abgewiesen. Das Reichsgericht verwies die Sache zurück. Die Beklagte hatte, nachdem ihr Mann sich von ihr getrennt hatte, Beziehungen zu einem anderen Manne angeknüpft, der ihr in ihren Auseinandersetzungen mit ihrem Manne beistand. Das Berufungsgericht hatte hiezu ausgeführt, daß sie als eine von ihrem Manne grundlos verlassene Frau schon nach ihrer weiblichen Natur das Bedürfnis gehabt habe, in dem ihr vom Kläger aufgedrängten Kampfe um ihre Ehre und ihren Unterhalt männlichen Rat und Zuspruch zu haben; wenn es dann im Laufe der weiteren Bekanntschaft zwischen beiden zu einem einer Ehefrau nicht geziemenden Verhalten der Beklagten gekommen sei, lasse das doch unter den besonderen Umständen keinen sicheren Schluß darauf zu, daß wirklich Unerlaubtes und einer verlassenen Ehefrau unbedingt Verbotenes vorgekommen sei. Anderseits sei das Verhalten des Klägers bis zur Gegenwart so eindeutig ehefeindlich, daß die Weigerung der Beklagten, in die von ihm erstrebte Scheidung einzuwilligen, nicht als mißbräuchlich erscheine. Es sei nicht Sinn und Wille des Gesetzes, daß ein Ehegatte, der sich wegen seines ehebrecherischen Verhältnisses von dem schuldlosen Teile trenne und drei Jahre in seiner Untreue ohne jeden Versuch der Besserung und einer Wiederannäherung an den gekränkten Ehegatten beharre, die Scheidung gegen dessen Willen erzwingen könne. Diesen Ausführungen schloß sich das Reichsgericht nicht an. Im Mittelpunkt der Betrachtung hat das allgemeine Interesse und nicht das Interesse der Parteien an der Aufrechterhaltung oder

Lösung der Ehe zu stehen. Dem vom Berufungsgericht in den Vordergrund geschobenen Gesichtspunkt, daß der Kläger drei Jahre in seiner Untreue beharrt hatte, konnte keine entscheidende Bedeutung zukommen. Dafür, ob die Aufrechterhaltung einer zerrütteten und damit ihres wesentlichen Gehalts verlustig gegangenen Ehe vom völkischen und bevölkerungspolitischen Standpunkt aus noch einen Sinn hat — und das ist die Kernfrage — ist die Schuldverteilung zum mindesten nicht ausschlaggebend; auch das stärkste Verschulden des Scheidungsklägers wird für sich niemals die Grundlage für die Aufrechterhaltung einer zerbrochenen Ehe bilden können. Das käme, durchaus entgegen dem Sinne des neuen Eherechts, darauf hinaus, den schuldigen Ehegatten durch Festhalten an der Ehe zu bestrafen. Es fragte sich daher, ob andere Gründe vorlagen, die es sittlich gerechtfertigt erscheinen ließen, den Kläger an den durch die Ehe übernommenen Verpflichtungen festzuhalten. Es handelte sich um eine langjährige Ehe, die bis zu der Untreue des Klägers harmonisch verlaufen war; auch war die Zeit des Getrenntlebens der Ehegatten gegenüber der Gesamtdauer der Ehe verhältnismäßig gering. Anderseits lagen aber Umstände vor, die den Ausschlag gegen die Beachtlichkeit des Widerspruchs geben mußten. Der Kläger war 44 Jahre alt; es bestand die Möglichkeit, daß er eine neue Ehe einging und eine Familie gründete. Die bestehende Ehe war kinderlos, so daß die unter Umständen bedeutungsvolle Frage, wie sich die Scheidung auf die Lage der Kinder auswirken würde, überhaupt nicht aufkam. Wenn auch die wirtschaftliche Lage der im 47. Lebensjahr stehenden Frau durch die Scheidung unter Umständen erhebliche Beeinträchtigung erfuhr, konnte doch diesem Umstand kein ausschlaggebendes Gewicht beigemessen werden; sie hatte sich, wie sich aus ihrem Verhalten ergab, innerlich ebenfalls von der Ehe losgelöst und vom Kläger abgewandt. (IV, 13. März 1939.)

Amtl. Sammlg. S. 15—19.

Vgl. Bd. 159 S. 305.

5. Ehescheidung. Eheanfechtung. Eheaufhebung. Geisteskrankheit. Erbkrankheit. Verwirkung. Ausschlußfrist. Beweislast. (BGB. §§ 1333, 1339, 1569, 1572; EheG. §§ 37, 40, 91; ZPO. § 616.) Die Ehe der Parteien wurde im Jahr 1917 geschlossen. Im Jahr 1925 mußte die Frau in eine Heilanstalt gebracht werden; sie blieb dort mehrere Monate. Im Februar 1927 focht der Mann die Ehe an mit der Begründung, daß er sich bei der Eingehung der Ehe über die schon damals vorhandene

geistige Erkrankung der Frau im Irrtum befunden habe. Die Klage wurde abgewiesen. Im Juli 1935 erhob der Mann Scheidungsklage, ging dann aber während des Rechtsstreits unter vorsorglicher Aufrechterhaltung dieser Klage zur Anfechtungsklage über; nachdem das neue Ehegesetz in Kraft getreten war, richtete er seinen Klagantrag auf Aufhebung, hilfsweise auf Scheidung der Ehe. Das Berufungsgericht hob die Ehe auf. Die Revision der Beklagten blieb ohne Erfolg. Zu prüfen war vor allem, ob nicht das frühere Verfahren der neuen Klage entgegenstand. Das war nicht der Fall. Die frühere Anfechtungsklage war auf Irrtum des Klägers über die zur Zeit der Eheschließung bestehende Schizophrenie der Frau gestützt gewesen; damals war verneint worden, daß diese Anlage schon zur Zeit der Eheschließung bestand. In der neuen Aufhebungsklage war das Schwergericht darauf gelegt, daß die Schizophrenie eine Erbkrankheit sei; diese Kenntnis hatte der Kläger nach der tatsächlichen Feststellung des Berufungsgerichts im Jahr 1927 nicht gehabt. Das Berufungsgericht hatte auf Grund der vorliegenden Gutachten festgestellt, daß die Beklagte von 1925 bis 1927 an Schizophrenie erkrankt war und daß sich daraus, da es sich um eine Erbkrankheit handelte, mit Notwendigkeit der Schluß ergab, daß sie schon im Zeitpunkt der Eheschließung Trägerin einer Anlage zu dieser Erbkrankheit war. In dieser Veranlagung hatte das Berufungsgericht eine persönliche Eigenschaft der Beklagten im Sinne des § 1333 BGB. ebenso wie einen ihre Person betreffenden Umstand im Sinne des § 37 EheG. gefunden. Wegen seines Irrtums hierüber konnte der Kläger nach dem bis zum 1. August 1938 geltenden Recht die Ehe anfechten; nach diesem Zeitpunkt konnte er hiewegen Aufhebung der Ehe begehren. Die Anfechtungsklage war binnen einer Ausschlußfrist von 6 Monaten zu erheben (§ 1339 BGB.; § 91 EheG.). Die Frist begann zu laufen, sobald der Kläger Kenntnis von allen für sein Anfechtungsrecht wesentlichen Umständen erlangt hatte; dazu gehörte im vorliegenden Falle die Kenntnis, daß die Frau die Anlage zu der Erbkrankheit schon bei der Eheschließung besaß. Diese Kenntnis hatte der Kläger im Frühjahr 1935 durch Gespräche mit Fachärzten erlangt; innerhalb der Ausschlußfrist hatte er die Scheidungsklage erhoben. Das genügte, um die Frist auch für die Anfechtungsklage zu wahren. Daß die Frist nicht eingehalten war, hätte die Beklagte beweisen müssen.
(IV, 9. März 1939.) Amtl. Sammlg. S. 19—23.

Vgl. Bd. 53 S. 334; JW. 1911 S. 648.

6. Rentenaufwertung. Legitimation. Beweislast. (Bad.-LR. Art. 331, 333, 335, 342.) Bei einer Erbauseinandersetzung im Jahre 1795 übernahm eine Erbin die Verpflichtung, der anderen Erbin und ihren Abkömmlingen eine jährliche Rente von 3000 Gulden zu zahlen. Seit 1877 wurde die Rente in Mark gezahlt und zwar im Betrage von jährlich 5143 M. Im Jahr 1923 wurde die Rentenzahlung infolge der Geldentwertung eingestellt. Die Klage auf Aufwertung drang vor dem Landgericht in vollem Umfang durch. Im zweiten Rechtszug behauptete der Beklagte, der Kläger sei nicht als Abkömmling der ursprünglichen Rentenberechtigten anzusehen. Das Berufungsgericht verurteilte den Beklagten zur Aufwertung der Rente in Höhe von 60% des Nennwertes. Die von beiden Teilen eingelegte Revision blieb erfolglos. Der Großvater des Klägers war zweimal verheiratet gewesen. Seine erste Frau war bald nach der Eheschließung in Geisteskrankheit verfallen und bis zu ihrem Tode (25. November 1848) in einer Anstalt untergebracht gewesen. Am 26. Februar 1844 hatte die spätere zweite Frau des Großvaters eine Tochter (die Mutter des Klägers) geboren; am 30. September 1847 war die Ehe vor dem evangelischen Pfarramt abgeschlossen worden. Die Entscheidung hing davon ab, ob durch diese Ehe die Mutter des Klägers legitimiert worden war. Nach dem maßgebenden Landrecht wurden uneheliche Kinder, die nicht aus einer Blutschande oder einem Ehebruch gezeugt sind, durch eine nachfolgende Ehe ihrer Eltern ehelich gemacht, wenn beide zusammen sie vor der Heirat anerkannt hatten. Eine solche Anerkennung (vor dem katholischen Pfarramt) hatte stattgefunden. Der Kläger behauptete, zur Zeit der Erzeugung seiner Mutter sei die Ehe seines Großvaters mit seiner ersten Frau schon geschieden gewesen. Das Berufungsgericht hatte dieser Behauptung Glauben geschenkt, obwohl urkundliche Nachweise für eine Ehescheidung nicht beigebracht waren; es hatte angenommen, daß die Beweislast für das Gegenteil den Beklagten treffe. Das Reichsgericht trat dieser Auffassung bei. Die zur Anwendung kommenden Vorschriften des badischen Landrechts stimmten mit jenen des französischen Rechts überein. Die französischen Gerichte, auch der Kassationshof in Paris, hatten die Frage stets dahin entschieden, daß, wenn die erforderlichen Urkunden nicht vollständig zu beschaffen waren, die Beweislast dem oblag, der gegenüber der Anerkennungserklärung, welche die Eltern eines Kindes vor oder bei ihrer Heirat abgegeben hatten, behaupten wollte, daß das Kind zu einer Zeit erzeugt worden sei, als der Vater noch mit einer anderen Frau verheiratet war. Begründet wurde diese Regelung der Beweislast damit, daß die Anerkennungsurkunde der Eltern jedenfalls bis zum Beweis des Gegenteils die gesetzliche Vermutung begründe, daß es sich um kein ehewidriges Kind handle, da eine Kindschaftsanerkennung, welche das Zugeständnis eines ehebrecherischen Verkehrs in sich schloß, überhaupt nicht abgegeben werden durfte. Das Reichsgericht erklärte, daß diese Rechtsprechung unbedenklich bei der Anwendung des badischen Landrechts herangezogen werden durfte. Zugunsten des Klägers sprach weiter, daß seine Mutter nach der Heirat ihrer Eltern in dauerndem und beständigen Besitz der Stellung einer ehelichen Tochter war. Der Umstand, daß der Großvater des Klägers mehrere Jahre nach der Geburt der Tochter mit der neuen Eheschließung zugewartet hatte, ließ sich nicht als Beweisanzeichen dafür verwenden, daß im Jahr 1843 seine erste Ehe noch bestand. Daß der Großvater des Klägers die Ehe vor dem evangelischen Pfarrer abschloß und zu diesem Zweck zur evangelischen Kirche übertrat, ließ sich auch daraus erklären, daß der katholische Pfarrer die Trauung trotz nachgewiesener bürgerlicher Scheidung der Ehe aus Gründen des katholischen Kirchenrechts ablehnte. (IV, 13. März 1939.)

Amtl. Sammlg. S. 23—30.

7. Ehescheidung. Widerklage. Widerspruch. Kosten. (EheG. §§ 49, 55, 61, 69; ZPO. §§ 92, 93a, 559.) Die Parteien lebten seit dem 19. August 1931 getrennt. Im Juni 1936 klagte der Ehemann auf Wiederherstellung der häuslichen Gemeinschaft. Die Klage drang durch. Da die Beklagte dem Urteil keine Folge leistete, klagte der Ehemann im April 1938 auf Scheidung wegen böslichen Verlassens. Das Landgericht gab der Klage statt. Im zweiten Rechtszug erhob die Beklagte Widerklage auf Grund des inzwischen in Kraft getretenen Ehegesetzes (§ 55). Der Kläger stützte nun seine Klage ebenfalls auf dieses Gesetz (§ 49), widersprach aber der Scheidung auf Grund der Widerklage. Das Berufungsgericht verwarf die Berufung der Beklagten. Das Reichsgericht schied die Ehe auch auf Grund der Widerklage. Die beharrliche und unbegründete Weigerung der Beklagten, die häusliche Gemeinschaft mit dem Kläger herzustellen, war eine so schwere Eheverfehlung, daß das Scheidungsbegehren des Klägers gerechtfertigt war. Auch die Widerklage war an sich begründet, doch hatte das Berufungsgericht den Widerspruch des Klägers als berechtigt anerkannt, da es für diesen von schwerwiegender Bedeutung sei, ob die Ehe aus Verschulden der Beklagten oder nur wegen Zerrüttung der Ehe durch Auflösung der häuslichen Gemeinschaft geschieden wurde. Die Beklagte hatte mit ihrer Revision nur die Entscheidung des Berufungsgerichts über die Widerklage angegriffen; da aber über den Bestand der Ehe nur einheitlich entschieden werden kann, wurde durch das Rechtsmittel doch das Urteil als Ganzes ergriffen und seine Rechtskraft in vollem Umfang gehemmt. Aus § 61 EheG. ergibt sich, daß eine Ehe gleichzeitig auf die Klage eines Ehegatten aus einem auf Verschulden beruhenden Grunde und auf die Klage des anderen Ehegatten aus einem nicht auf Verschulden beruhenden Grunde geschieden werden kann; demgemäß kann, wenn ein Ehegatte eine auf Verschulden gestützte Klage erhoben hat, der andere Ehegatte Widerklage aus § 55 EheG. erheben. Die Widerklage konnte auch nicht mit der Begründung für unzulässig erklärt werden, daß es für sie an einem Rechtsschutzbedürfnis fehle. Wenn die Klage zum Ziele führte, hatte allerdings die Beklagte kein besonderes Interesse mehr daran, daß die Scheidung auch auf die Widerklage ausgesprochen wurde; wenn aber die Klage abgewiesen wurde, war es für die Frau von Wert, durch die Widerklage eine Scheidung herbeiführen zu können, ohne daß sie hiefür eine neue Klage zu erheben brauchte. Die Beklagte war also durch die Abweisung der Widerklage beschwert. Dagegen konnte dem Widerspruch des Klägers keine Beachtung geschenkt werden. Wenn er auch nicht als von vornherein unzulässig bezeichnet werden konnte, hätte er einer sachlichen Prüfung doch nur dann bedurft, wenn die auf Verschulden des anderen Ehegatten gestützte Scheidungsklage nicht zum Ziele geführt hätte. Wird die Ehe auf die Hauptklage hin geschieden, so ist das mit dem Widerspruch verfolgte Ziel, die Aufrechterhaltung der Ehe, unerreichbar geworden. Für die Kostenentscheidung kam in Betracht, daß jede der Parteien teils obgesiegt hatte, teils unterlegen war. Demgemäß wurden die Kosten des Rechtsstreits zu drei Vierteln der Beklagten, zu einem Viertel dem Kläger auferlegt. (IV, 13. März 1939.)

Amtl. Sammlg. S. 31—37.

8. Forderungspfändung. (ZPO. § 829.) Ein Rittergut wurde im Jahr 1921 auf 18 Jahre verpachtet. Nach dem Tode des Eigentümers wurde dieser von seiner Witwe und mehreren Töchtern beerbt. Die Erbengemeinschaft, vertreten durch die Witwe, erhob gegen den Pächter Klage auf Zahlung rückständigen Pachtzinses. Schon vor Erhebung der Klage hatte der Amtsvorsteher des Amtes, in dem das Rittergut lag, zugunsten einer Wassergenossenschaft einen Teil dieser Forderung gepfändet. Der Pfändungsbeschluß lautete nur dahin, daß von der Pachtsumme, die der Pächter an die Witwe des Verpächters zu zahlen habe, ein Betrag von 8817 RM. gepfändet werde. In dem Rechtsstreit der Erbengemeinschaft gegen den Pächter hatte das Berufungsgericht diese Pfändung für unwirksam erklärt, weil sie nicht klar erkennen lasse, welche Forderung Gegenstand der Pfändung sein solle. Das Reichsgericht teilte diese Auffassung nicht. In Rücksicht auf die Erfordernisse der Rechtssicherheit muß verlangt werden, daß eine Forderungspfändung ihren Gegenstand klar erkennen läßt, und daß diese Klarheit durch vernünftige Auslegung ihres Inhalts ohne Heranziehung anderer Urkunden gewonnen werden kann. Diese Anforderungen dürfen aber nicht zu weit gespannt werden. Ungenauigkeiten können die Wirksamkeit der Pfändung nicht beeinträchtigen, wenn sie keinen Zweifel über ihren Sinn aufkommen lassen. Selbst die Angabe eines falschen Gläubigers ist unschädlich, wenn die Identität der Forderung nicht in Frage gestellt ist. Ob das der Fall ist, muß allerdings nach sachlichen Gesichtspunkten geprüft werden, da das Erfordernis der Klarheit nicht nur für die unmittelbar Beteiligten, also den Schuldner und den Drittschuldner gilt, sondern auch für andere Personen, insbesondere für weitere Gläubiger, die etwa selbst zu Pfändungen schreiten. Im vorliegendem Falle konnte kein Zweifel sein, daß die Pachtzinsforderung den Gegenstand der Pfändung bildete. Die Witwe des Verpächters war allerdings nicht die Gläubigerin, doch lag auch hier klar, daß die Erbengemeinschaft den Pachtzins zu beanspruchen hatte. (IV, 24. November 1938.)

Amtl. Sammlg. S. 37—41.

Vgl. Bd. 75 S. 317; Bd. 108 S. 319; Bd. 139 S. 97; Bd. 140 S. 340; Bd. 157 S. 320.

9. Ehescheidung. Widerspruch. (EheG. §§ 49, 55.) Nach 15 Jahren guter Ehe, aus der 4 Kinder hervorgegangen waren, wandte sich der Ehemann anderen Frauen zu und bewirkte dadurch, daß die Frau sich von ihm trennte. Zwei Scheidungsklagen wurden abgewiesen. Auch die neue, auf die Vorschriften des Ehegesetzes gestützte Klage hatte keinen Erfolg. Das Scheidungsbegehren aus § 49 EheG. war nicht gerechtfertigt, da die neuen Vorfälle, die der Kläger anführte, auch im Zusammenhang mit früheren Handlungen der Beklagten nicht als schwere Eheverfehlungen angesehen werden konnten. Aber auch aus § 55

EheG. konnte Scheidung nicht verlangt werden. Die Voraussetzungen lagen wohl vor, aber der Widerspruch der Beklagten verdiente Beachtung. Es handelte sich um eine langjährige und an sich offenbar gesunde Ehe. Die Zeit, seit der sie brüchig geworden war, war verhältnismäßig kurz. Als wesentlich mußte vor allem berücksichtigt werden, daß die Beklagte die hohe Aufgabe, die sie nicht nur ihrem Manne, sondern auch der Volksgemeinschaft gegenüber übernommen hatte, in anerkennenswerter Weise erfüllt hatte: sie hatte vier gesunde Kinder geboren und durch eine Fehlgeburt ernstliche Opfer an ihrer Gesundheit gebracht. In einem solchen Falle muß die sittliche Wertung, ob die Ehe gegen den Willen der Frau gelöst werden soll, dazu führen, den für die Aufrechterhaltung sprechenden Umständen besonderes Gewicht beizumessen. Es wäre auch vom völkischen Standpunkt nicht zu rechtfertigen, wollte man es zulassen, daß der Ehemann, um seine Freiheit zu gewinnen, sich der Frau, die ihm und der Volksgemeinschaft solche Opfer gebracht hat und dadurch vielleicht frühzeitig gealtert ist, entledigt. Ausschlaggebende Bedeutung kam vor allem auch den Belangen der Kinder zu, die zum Teil noch in erziehungs- und unterhaltsbedürftigem Alter standen. Wenn dem Vater die Gründung einer neuen Familie ermöglicht wurde, konnte das nur auf Kosten der aus der ersten Ehe hervorgegangenen Kinder geschehen. Wertvoller als der Versuch der Gründung einer neuen Familie war in einem Falle wie dem vorliegenden die Aufrechterhaltung der alten Ehe mit dem Ziele, den aus ihr hervorgegangenen Kindern die Grundlage für ihre körperliche und geistige Entwicklung nach Möglichkeit zu erhalten. Auch die Frage des Unterhalts der Frau hat beim Vorhandensein von Kindern ein grundsätzlich anderes Gewicht als bei sonstigen Ehen. Die Mutter mehrerer heranwachsender Kinder wird, wenn nicht deren körperliche und sittliche Erziehung ernstlich gefährdet werden soll, meist gar nicht in der Lage sein, einer Berufstätigkeit nachzugehen. In solchen Fällen muß von dem Ehemann grundsätzlich verlangt werden, daß er unter Verzicht auf seine eigenen persönlichen Wünsche sich und seine Arbeitskraft nach wie vor seinen Kindern und ihrer Mutter widmet. Es müssen hier ganz besondere Umstände vorliegen, um ein Scheidungsbegehren zu rechtfertigen. Zu denken ist etwa an den Fall, daß zwischen dem Mann und einer anderen Frau schon seit langem eine wirklich ernstliche, ersichtlich dauerhafte Verbindung besteht und aus dieser bereits Kinder hervorgegangen sind; hier kann es unter Abwägung aller Verhältnisse unter Umständen das Bessere sein, die alte Ehe zu lösen, um die neue zu ermöglichen. Nichts dergleichen lag hier vor. (IV, 23. März 1939.)

Amtl. Sammlg. S. 41—45.

Vgl. Bd. 159 S. 305; Bd. 160 S. 15.

10. Ehescheidung in Sudetendeutschland. (EheG. §§ 60, 61; VO. vom 22. Dezember 1938 §§ 30, 34, 37.) Auf die Klage der Frau sowie auf Grund des beiderseits geltend gemachten Ehetrennungsgrundes der unüberwindlichen Abneigung im Sinne des tschechoslowakischen Ehetrennungsgesetzes von 1919 hatte das Landgericht die Ehe aus dem alleinigen Verschulden des Beklagten für getrennt erklärt. Das Obergericht hatte auf die Berufung des Beklagten zur Prüfung der Frage des Mitverschuldens der Klägerin die Sache an das Landgericht zurückverwiesen. Gegen diesen Beschluß hatte der Beklagte Rekurs eingelegt. Das Reichsgericht erklärte ihn für zulässig und für sachlich begründet. Das Obergericht hatte angenommen, daß der Ausspruch des landgerichtlichen Urteils über die Trennung der Ehe und über das Verschulden des Beklagten in Rechtskraft erwachsen sei, weil der Beklagte diesen Ausspruch nicht bekämpft habe. Das Reichsgericht erklärte, daß dies mit dem Akteninhalt in Widerspruch stehe. Der Beklagte hatte in der mündlichen Verhandlung auch seinerseits die Trennung der Ehe aus dem Grunde der unüberwindlichen Abneigung, jedoch mindestens aus beiderseitigem Verschulden beantragt; nach dem Zusammenhang mußte der Antrag dahin verstanden werden, daß der Beklagte in erster Reihe die Klage abgewiesen und die Trennung der Ehe nur auf seinen Antrag hin ausgesprochen, hilfsweise aber auch die Klägerin für schuldig an der Trennung erklärt wissen wollte. Die Abänderung des angefochtenen Beschlusses war aber vor allem deshalb geboten, weil seit dem 1. Januar 1939 das großdeutsche Eherecht auch in den sudetendeutschen Gebieten eingeführt worden ist. Die Vorschriften sind auch noch im Rechtsmittelverfahren anzuwenden; auch die Geltendmachung neuer Scheidungsgründe ist im anhängigen Verfahren zugelassen. Über Scheidung und Schuld kann nicht mehr getrennt entschieden werden, da der Schuldausspruch mit dem Scheidungsausspruch in untrennbarem Zusammenhang steht. Daher ergreift ein gegen das Scheidungsurteil eingelegtes Rechtsmittel, selbst wenn es sich nur gegen die Entscheidung in der Schuldfrage richtet, mit Notwendigkeit stets das Scheidungsurteil als Ganzes. Durch die Berufung des Beklagten war also die Rechtskraft des landgerichtlichen Urteils in vollem Umfang gehemmt worden. Das Urteil wurde auch im Ausspruch über die Trennung der Ehe und das Verschulden des Beklagten aufgehoben und die Sache auch insoweit zu neuer Verhandlung und Entscheidung an das Landgericht zurückverwiesen. (IV, 27. März 1939.)

Amtl. Sammlg. S. 45—48.

11. Haftpflichtversicherung. Sachschaden. Gewährleistung. Typische Vertragsbedingung. (VersVertrG. § 149; BGB. §§ 276, 459.) Ein Fabrikant war gegen Haftpflichtschaden versichert. Er lieferte an einen Getreidehändler Pappe und Klebmasse zur Herstellung eines Fußbodenbelags in Räumen, die für die Lagerung von Getreide bestimmt waren. Bald nachher trat dieser mit Schadenersatzansprüchen hervor, weil die Pappe einen starken Geruch entwickelt und dadurch eine Schädigung des für die Reichsgetreidestelle eingelagerten Getreides verursacht habe. Der Fabrikant nahm Versicherungsschutz in Anspruch. Die Versicherungsgesellschaft übernahm die Regelung der Sache und vermittelte mit dem Getreidehändler einen Vergleich, wonach dieser sich mit einem Betrag von 6000 RM. aus der angeblich fehlerhaften Lieferung für abgefunden erklärte. Diesen Betrag zahlte sie aus, klagte aber gegen den Fabrikanten auf Rückzahlung, weil nach ihrer Auffassung diesem ein Versicherungsanspruch nicht zustand. Gegenstand der Versicherung sei nur die Haftpflicht für Personen- und Sachschaden gewesen; dem Beklagten habe aber das beschädigte Getreide nicht gehört. Außerdem beziehe sich der Versicherungsschutz nicht auf Haftpflichtansprüche, die auf Grund Vertrags oder besonderer Zusage über den Umfang der gesetzlichen Haftpflicht des Versicherungsnehmers hinausgingen; der Beklagte habe die Geruchlosigkeit der Pappe besonders zugesichert. Das Berufungsgericht wies die Klage ab. Die Revision der Klägerin hatte keinen Erfolg. Die in Frage stehende Vereinbarung war als Teil der für Versicherungsverträge gleicher Art allgemein geltenden Bedingungen der Auslegung des Revisionsgerichts zugänglich. Darnach sind Versicherungsschäden, die der Versicherungsschutz nur bei besonderer Vereinbarung umfaßt, solche Schäden, die weder Personenschäden noch Sachschäden sind noch sich aus solchen Schäden herleiten. Gegenstand der Versicherung sind dagegen die Ansprüche auf Ersatz von Schäden, die sich aus Personen- oder Sachschäden ergeben, gleichviel, ob der auf Grund gesetzlicher Haftpflichtbestimmungen privatrechtlichen Inhalts Anspruchberechtigte durch das schädigende Erzeugnis unmittelbar oder mittelbar betroffen worden ist. Demnach war der Versicherungsanspruch nicht dadurch in Frage gestellt, daß der Getreidehändler nicht selbst Eigentümer des Getreides war, sondern von der Eigentümerin, der Reichsgetreidestelle, auf Schadenersatz in Anspruch genommen wurde und hiewegen gegen den ihm aus kaufrechtlichen Gesichtspunkten haftenden Beklagten Rückgriff nahm. Wenn der Beklagte beim Kaufabschluß die Geruchlosigkeit der Pappe zusicherte, konnte das den Versicherungsschutz nicht ausschließen; damit war die vertraglich vorausgesetzte Geruchlosigkeit der Pappe nur bestätigt, nicht aber die Gewähr für einen bestimmten Erfolg ohne Rücksicht auf ein Verschulden bei Nichteintritt des Erfolgs übernommen. Für eine solche Gewährleistung wäre allerdings die Versicherung ausgeschlossen gewesen. (VII, 7. März 1939.)

Amtl. Sammlg. S. 48—52.
Vgl. JW. 1937 S. 1496.

12. **Nichtigkeit. Arglist. Gute Sitten. Zurückbehaltung. Aufrechnung.** (BGB. §§ 138, 273, 387, 667.) Der Eigentümer einer Flugzeugfabrik, die seit Jahren still lag, veranlaßte einen Hypothekgläubiger, diese zur Zwangsversteigerung zu bringen. Sie wurde seiner Ehefrau zugeschlagen und auf diese im Grundbuch umgeschrieben. Mit der Behauptung, daß seine Ehefrau das Anwesen in Wirklichkeit für ihn ersteigert habe, klagte der bisherige Eigentümer gegen diese auf Feststellung seines Eigentums und Verurteilung der Beklagten zur Einwilligung in die Umschreibung auf ihn. Es kam ein Vergleich zustande, wodurch die Frau sich verpflichtete, die Fabrik an einen ihr von ihrem Ehemann benannten Kaufliebhaber zu veräußern; der Kaufpreis sollte auf den Namen der Frau bei einer Bank angelegt werden, doch sollte sie über das Geld nur mit Zustimmung ihres Mannes oder auf Grund gerichtlicher Anordnung verfügen dürfen. Der Vergleich wurde ausgeführt. Nach dem Tode der Frau wurde der Rechtsstreit gegen den Testamentsvollstrecker fortgesetzt. Der Kläger verlangte Verurteilung des Beklagten zur Einwilligung, daß ihm das auf den Namen der Frau errichtete Sonderkonto zur freien Verfügung stehe. Die Klage drang in allen Rechtszügen durch. Das Berufungsgericht hatte festgestellt, daß die Frau tatsächlich die Fabrik zwar in eigenem Namen, aber für Rechnung des Klägers auf Grund eines ihr von diesem erteilten Auftrags erstanden habe und daß sie mit diesem darüber einig war, im geeigneten Zeitpunkt ihr Eigentum aufzugeben und ihn als Eigentümer zu benennen. Der Beklagte hatte dieses

Auftragsverhältnis als sittenwidrig bezeichnet. Diese Frage war von Amts wegen zu prüfen. Die Nichtigkeit eines Vertrags wegen Verstoß gegen die guten Sitten kann auch von dem Teil geltend gemacht werden, der sich selbst eines solchen Verstoßes schuldig gemacht hat; auch kann dem Vertragsteil, der unter Berufung auf die Nichtigkeit die Erfüllung verweigert, nicht der Einwand der Arglist entgegengehalten werden. Als Arglist hatten aber die Untergerichte die Geltendmachung der Nichtigkeit bezeichnet, wenn diese mit Rücksicht auf ein früheres Verhalten des die Nichtigkeit geltendmachenden Teils gegen Treu und Glauben verstößt. Dieser Grundsatz ist in der Rechtsprechung für die Berufung auf die Formnichtigkeit eines Rechtsgeschäfts entwickelt worden; im Falle der Nichtigkeit wegen Sittenverstoßes ist er aber nicht anwendbar. Der Kläger hatte nach seiner Angabe mit seinem Vorgehen bezweckt, einem Gläubiger, der mit seiner Grundschuld an aussichtsloser Stelle stand, aber durch seinen Widerspruch einen freihändigen Verkauf der Fabrik hinderte, den Beweis zu erbringen, daß er mit seiner Grundschuld nicht zum Zuge kommen könne. Als sittenwidrig konnte dieses Verhalten nicht angesehen werden. Daß der Kläger von der Wertlosigkeit der Grundschuld nicht überzeugt war oder nicht überzeugt sein konnte, hatte der Beklagte nicht darzulegen vermocht. Unerheblich war, wie zur Zeit der in Betracht kommenden Vorgänge die Vermögenslage des Klägers persönlich war. Soweit die Fabrik nur dinglich haftete, stand seinen persönlichen Gläubigern ohnehin kein Zugriff auf sein sonstiges Vermögen zu; die persönlichen Gläubiger konnten aber dadurch, daß nicht er selbst, sondern seine Ehefrau das Anwesen einsteigerte, nicht geschädigt sein, da die Fabrik schon vorher ihrem Zugriff nicht unterworfen war. Verhindert wurde durch das Vorgehen des Klägers nur eine Verbesserung seiner Vermögenslage; auf diese hatten seine Gläubiger aber keinen Anspruch. Nach alledem lag nur so viel vor, daß der Kläger durch sein Vorgehen die Beseitigung von Lasten und Schulden herbeiführte, die, jedenfalls seiner Überzeugung nach, in dem Werte der Fabrik keine Deckung hatten, aber durch ihr förmliches Weiterbestehen einer Veräußerung der Fabrik und damit einer Neuaufnahme des Betriebes im Wege standen. Daß er sich dabei irgendwelcher Unlauterkeiten schuldig gemacht hätte, war nicht festgestellt. Sein Vorgehen ließ sich jedenfalls im Ergebnis gerade vom Standpunkt des heutigen Gesetzgebers aus nicht beanstanden, der selbst in umfassender Weise (durch die Gesetze zur Regelung der landwirtschaftlichen Schuldverhältnisse und über die Bereinigung alter Schulden) für die Beseitigung solcher Lasten Sorge getragen hat. Bei Verträgen ist außerdem die Nichtigkeit in der Regel nicht anzunehmen, wenn nur ein Teil unsittliche Zwecke verfolgt, der andere Teil dagegen den unsittlichen Charakter des Geschäfts nicht kennt. Im vorliegenden Falle hätte es daher zur Annahme der Unsittlichkeit des Nachweises bedurft, daß sowohl der Kläger als seine Ehefrau nicht von der Wertlosigkeit der Grundschuld des Gläubigers und der ihr nachstehenden Rechte überzeugt waren. Gegenüber den Ansprüchen des Klägers auf Herausgabe des durch die Geschäftsbesorgung Erlangten konnte der Beklagte kein Zurückbehaltungsrecht wegen solcher Ansprüche geltend machen, die mit der Geschäftsbesorgung außer Zusammenhang standen. Es handelte sich bei dem vom Kläger seiner Ehefrau erteilten Auftrag um ein fiduziarisches Geschäft. Nach Treu und Glauben ergab sich daraus für die Ehefrau des Klägers die Verpflichtung, das von ihr auftragsgemäß erworbene Eigentum jederzeit zur Verfügung des Klägers zu halten und darüber nur nach seinen Weisungen zu verfügen. Aus dem Schuldverhältnis selbst ergab sich also der Ausschluß des Zurückbehaltungsrechts abgesehen von solchen Ansprüchen, die mit der Geschäftsbesorgung selbst im Zusammenhang standen. Durch den Vergleich wurde hieran nichts geändert. Aus dem gleichen Grunde mußte auch die Aufrechnung mit Forderungen, die nicht mit der Geschäftsbesorgung selbst im Zusammenhang standen, abgelehnt werden; der Ausschluß der Aufrechnung ergab sich aus dem Inhalt des Schuldverhältnisses, da sie unvereinbar mit den durch den Auftrag übernommenen Pflichten gewesen wäre. (IV, 27. März 1939.)

Amtl. Sammlg. S. 52—61.
Vgl. JW. 1938 S. 3112.

13. Ehelichkeitsanfechtung. Offenbare Unmöglichkeit. (BGB. § 1591.) Die Anfechtung der Ehelichkeit eines Kindes war auf ein Gutachten eines Universitätsinstituts für Erbbiologie und Rassenhygiene gestützt. Die Klage wurde in zwei Rechtszügen abgewiesen; nachdem das Reichsgericht die Sache an das Berufungsgericht zurückverwiesen hatte, gab dieses der Klage statt. Die Revision der Beklagten hatte keinen Erfolg. Auf erbbiologischem Gebiet hat die Erkenntnis in neuerer Zeit so große Fortschritte gemacht, daß die erbbiologischen Gutachten der dazu berufenen Stellen ein ganz unentbehrliches Mittel zur Klärung der Abstammungsfrage geworden sind. Es ließ sich darum nicht beanstanden, daß das Berufungsgericht sein Urteil allein auf das erbbiologische Gutachten stützte, obwohl dieses nur eine große Wahrscheinlichkeit für gegeben annahm, daß nicht der Kläger, sondern ein Verwandter der Mutter der Vater des Kindes sei. Das Berufungsgericht war aber auf Grund der einzelnen Ergebnisse der Ehelichkeitsuntersuchung im Rahmen der tatsächlichen Würdigung zu der Annahme gelangt, daß darnach die Vaterschaft des Klägers als offenbar unmöglich anzusehen sei. Dafür, daß es hiebei dem Rechtsbegriff der offenbaren Unmöglichkeit einen falschen Inhalt gegeben hätte, fehlte jeder Anhalt. Es hatte eingangs seiner Darlegungen selbst hervorgehoben, daß an den Beweis strenge Anforderungen zu stellen seien, daß aber anderseits das Verlangen nach der Darlegung unumstößlicher Gewißheit eine Überspannung der Anforderungen darstellen würde. (IV, 30. März 1939.)

Amtl. Sammlg. S. 61—64.

14. Versorgungsanwärter. Probedienstleistung. Anstellungsgrundsätze. Rechtsweg. (RVersorgG. § 33; Anstellungsgrundsätze für Versorgungsanwärter § 50.) Ein Kriegsbeschädigter, der einen Beamtenschein nach dem Reichsversorgungsgesetz besaß, wurde nach mehrjähriger Beschäftigung als Hilfsarbeiter und nach Ablegung der ersten Prüfung für den Kommunalverwaltungsdienst von der Stadt, in der er tätig gewesen war, zum 1. Oktober 1931 zu einer sechsmonatigen Probedienstleistung im Sekretärdienst einberufen. Ende November erhielt er eine Anstellungsurkunde ausgehändigt, die besagte, daß er damit als Sekretär auf Probe mit Beamteneigenschaft vom 1. Oktober 1931 an in den Dienst der Stadt eingestellt werde. Am 18. April 1932 wurde ihm eröffnet, daß seine Einstellung als Sekretär auf Probe wieder aufgehoben werde, und daß damit die ihm ausgestellte Urkunde hinfällig sei. In der Folgezeit wurde er als Angestellter weiter beschäftigt und im Dezember 1933 zum Stadtkassenassistenten ernannt. Er war der Auffassung, daß ihm das Gehalt eines Stadtsekretärs zukomme, und klagte, nachdem die Aufsichtsbehörde seine Ansprüche abgelehnt hatte, auf Zahlung von 1000 RM. als Teilbetrag des Gehaltsunterschiedes. Das Berufungsgericht wies die Klage ab. Das Reichsgericht gab ihr statt. Der Rechtsweg war zulässig. Die Anstellungsgrundsätze, die der Entscheidung zugrunde zu legen waren, enthalten nicht nur Verwaltungsanweisungen, sondern sachliches Recht, aus dem sich persönliche Rechte für die Versorgungsanwärter ergeben. Diese können zwar mit der Klage nicht Anstellung oder Beförderung verlangen, wohl aber Gehaltsansprüche verfolgen. Der Kläger stützte seinen Anspruch nicht darauf, daß er als Sekretär hätte angestellt werden müssen, sondern darauf, daß er mit Ablauf der Probezeit ohne weiteres Sekretär auf Lebenszeit geworden sei, weil die beklagte Stadt es unterlassen habe, ihn 14 Tage vorher über seine Entlassung wegen Ungeeignetheit zu verständigen. Daß eine solche Verständigung stattgefunden habe, konnte nicht nachgewiesen werden. Die beklagte Stadt vertrat die Auffassung, daß der Kläger erst durch Aushändigung einer neuen Anstellungsurkunde Beamter geworden wäre. Das erklärte das Reichsgericht für rechtsirrig. Die Anstellungsgrundsätze für Versorgungsanwärter sollen im Interesse der Wehrkraft des Volkes der Gewinnung eines tüchtigen Unteroffizierstandes dienen, indem sie den Versorgungsanwärtern die Gewißheit auf eine ihren Leistungen entsprechende Stellung bei den staatlichen und gemeindlichen Behörden mit Aussicht auf Ruhegehalt geben. Dieser Zweck erfordert es, daß die Versorgungsanwärter nach Ablauf der Probezeit möglichst sofort in die Stellen endgültig einrücken. Demgemäß muß nach Ablauf der Probezeit der Versorgungsanwärter als endgültig übernommen gelten, wenn ihm die Behörde nicht 14 Tage vorher mitgeteilt hat, daß er damit nicht rechnen kann. Ist das nicht geschehen, so kann sie nur noch die Bestätigung beschließen. (III, 3. Februar 1939.) Amtl. Sammlg. S. 65—71. Vgl. Bd. 48 S. 84; Bd. 110 S. 265; Bd. 114 S. 122; Bd. 132 S. 236; Bd. 137 S. 275; Bd. 146 S. 165; JW. 1916 S. 1250.

15. Entschuldungsverfahren. Holzlieferung. Provision. Feststellungsklage. Rechtsweg. (LandSchuldRegG. §§ 14, 16, 81—85; GVG. § 13; ZPO. § 256.) Eine G. m. b. H., die eine Holzindustrie betrieb, gewährte im Jahr 1932 einem Gutsbesitzer ein Darlehen von 200000 RM., das mit 5½% zu verzinsen, 6 Monate nach Kündigung zurückzuzahlen und durch Hypothek sicherzustellen war. In einer besonderen Urkunde übernahme der Schuldner die Verpflichtung, als Disagio für die ihm gewährte Hypothek der Gläubigerin 3000 Festmeter Buchenholz ohne Entgelt zu liefern, und zwar in Teilbeträgen von jährlich mindestens 600 Festmeter. Im Jahre 1932 wurden 600 Festmeter geliefert. Im Jahre 1933 kündigte der Schuldner das Darlehen für Ende 1933. Im Dezember 1933 beantragte er, seinen land- und forstwirtschaftlichen Betrieb zum Entschuldungsbetrieb zu erklären. Dem Antrag wurde entsprochen. Nun lehnte der Schuldner weitere Holzlieferungen ab. Das Entschuldungsamt billigte seine Auffassung, daß die gesetzliche Zinsminderung den Wegfall der Holzlieferungspflicht einschließe, setzte aber zur Klärung der Frage der G. m. b. H. eine Frist zur Erhebung einer Klage über das Bestehen ihres Anspruchs. Die Feststellungsklage der G. m. b. H. drang in allen Rechtszügen durch. Sie war zulässig, weil mit ihr nicht nur die Beantwortung einer Rechtsfrage begehrt, sondern die Feststellung eines bestimmten, zwischen den Parteien bestehenden Rechtsverhältnisses gefordert wurde. Das rechtliche Interesse an der Feststellung hatte das Berufungsgericht schon deswegen für gegeben erachtet, weil das Entschuldungsamt der Klägerin die Erhebung der Feststellungsklage zum Ausschluß von Zweifeln aufgetragen hatte. Die Revision vertrat die Auffassung, daß das Entschuldungsamt der Klägerin eine solche Auflage nicht hätte machen dürfen, vielmehr selbst über die Rechtsnatur der Holzlieferungspflicht hätte entscheiden müssen. Damit war nicht nur die Zulässigkeit der Feststellungsklage, sondern allgemein die Zulässigkeit des Rechtswegs bestritten. Bei der Selbstentschuldung ist aber das Entschuldungsamt nicht zuständig, das Bestehen oder Nichtbestehen von Forderungen dergestalt festzustellen, daß zwischen den Beteiligten Recht geschaffen wird. Es muß sich wohl eine Meinung darüber bilden, ob auf dem Betriebe außerhalb der mündelsicheren Grenze noch Forderungen lasten, die in bezug auf Verzinsung und Tilgbarkeit die Anforderungen des § 14 SchuldRegG. erfüllen; das Urteil hierüber betrifft aber nur eine Vorfrage bei der Entscheidung über die Anordnung der Selbstentschuldung wie über die Aufrechterhaltung dieser Anordnung. Ob das Entschuldungsamt die Vorfrage von sich aus beantworten oder das eigene Urteil von einem rechtskräftigen Erkenntnis im ordentlichen Rechtsweg abhängig machen will, steht ihm frei. Jedenfalls ist, wenn das Entschuldungsamt sich für den zweiten Weg entscheidet, das daraufhin angerufene ordentliche Gericht nicht befugt, die Stellungnahme des Entschuldungsamts nachzuprüfen. Deshalb kann der Partei, die in Befolgung einer entsprechenden Auflage des Entschuldungsamts eine Feststellungsklage erhebt, das rechtliche Interesse an der begehrten Feststellung nicht mit der Begründung abgesprochen werden, daß das Entschuldungsamt die Auflage nicht hätte machen dürfen. Die gegenteilige Auffassung wird der Bedeutung nicht gerecht, die der im Rahmen allgemeiner Zuständigkeit ergangenen Entscheidung eines staatlichen Willensträgers im Verhältnis sowohl zu anderen Staatsorganen als auch zu dem einzelnen Volksgenossen zukommt, an den sich die Entscheidung richtet. Ob die Holzlieferungspflicht durch das Entschuldungsverfahren in Wegfall gebracht werden konnte, hing davon ab, ob es sich bei ihr um einen echten oder verschleierten Zins oder um eine zinsähnliche Provision handelte. Zins ist die vom Schuldner einer Geldsumme (oder einer anderen bestimmten Menge vertretbarer Sachen) zu gewährende, in einem Hundertsatz gleichartiger Sachen bemessene und fortlaufend zu entrichtende Vergütung für den Gebrauch des Kapitals. Hienach war der streitige Anspruch ein Zinsanspruch schon deshalb nicht, weil er weder gleich dem Kapital in Geld bestand, auch sich in der Höhe nicht nach einem Geldwert richtete, endlich auch nicht für die Dauer des Kapitalgebrauchs zu leisten war. Durch die Gleichstellung von Provision und Zins brachte das Gesetz allerdings zum Ausdruck, daß auch einmalige Vergütungen zinsähnlicher Art der Kürzung unterworfen sein sollen. Als eine Nebenforderung war aber der Anspruch auf die Holzlieferung nicht anzusehen. Der Beklagte wollte das Darlehen dazu verwenden, um eine Amerikaanleihe heimzuzahlen; die Holzlieferung stellte eine Beteiligung an dem Gewinn dar, den er durch die Ausnutzung des niederen Kurses der Anleihe machen wollte. Die Wahl des Leistungsgegenstandes (Holz statt Geld) ergab sich aus dem Bedarf der Klägerin an Rohstoffen für ihren Gewerbebetrieb. Der für die Klägerin bedungene Anteil an dem Gewinn war nicht unangemessen hoch; die Vereinbarung konnte darum nicht als sittenwidrig angesehen werden. (V, 30. März 1939.) Amtl. Sammlg. S. 71—83.

Vgl. Bd. 118 S. 152; Bd. 141 S. 1; Bd. 152 S. 65; Bd. 157 S. 385.

16. Streitwert wiederkehrender Leistungen. (ZPO. § 9; GKG. § 10). Als laufende Rente wurden vom 1. September 1937 bis 31. Mai 1942 monatlich 55,20 RM., vom 1. Juni 1942 bis 31. Mai 1952 monatlich 25 RM. zuerkannt. Für solche Fälle hatte früher das Reichsgericht entschieden, daß für die Berechnung des Streitwerts aus den verschiedenen, für die einzelnen Zeiträume zuerkannten Beträgen ein Durchschnittssatz festzusetzen und dieser mit 12½ zu vervielfältigen sei. Diese Auffassung wurde nicht mehr festgehalten. Der Streitwert der laufenden Rente wurde in folgender Weise festgesetzt: 57 Monate zu je 55,20 = 3146,40 RM., 3 Monate zu je 25 RM., zusammen 60 Monate (5 Jahre) Rente = 3221,40 RM. (VI, 11. März 1939.)

Amtl. Sammlg. S. 83—87.

Vgl. Bd. 36 S. 416; JW. 1894 S. 420; 1896 S. 583; 1899 S. 1; 1904 S. 474.

17. Pächterschutz. Neubildung deutschen Bauerntums. Zurückbehaltungsrecht. Unzulässige Rechtsausübung. (BGB. §§ 556, 571, 581; RG. vom 28. Juni 1935, 30. September 1937.) Ein Gut wurde für die Zeit vom 1. Juli 1934 bis 30. Juni 1944 verpachtet. Der Pächter verpflichtete sich im Falle eines Verkaufs des Pachtgutes gegen eine näher bezifferte Entschädigung das Pachtverhältnis früher aufzulösen. Im Jahr 1937 wurde das Gut an eine Siedlungsgesellschaft verkauft. Der Pachtvertrag wurde vom Verpächter auf den 30. Juni 1938 gekündigt. Der Pächter beantragte beim Pachteinigungsamt, den Pachtzins zu ermäßigen und den gekündigten Vertrag bis 1944 zu verlängern. Die Ermäßigung wurde zugestanden, die Verlängerung abgelehnt. Die Klage auf Räumung drang mit dem Abmaße durch, daß diese Zug um Zug gegen Zahlung der Entschädigung zu erfolgen habe. Der Beklagte hatte noch im Revisionsverfahren Aussetzung beantragt, da er im Pächterschutzverfahren neuerdings Antrag auf Verlängerung des Vertrags gestellt hatte. Dazu bestand kein Anlaß. Das Pachtgut war zur Neubildung deutschen Bauerntums bereitgestellt; für solche Grundstücke ist der Pächterschutz ausgeschlossen. Mit Recht hatte auch das Berufungsgericht es abgelehnt, dem Beklagten ein Zurückbehaltungsrecht wegen anderer Ansprüche als wegen der vereinbarten Entschädigung zuzuerkennen. An sich steht dem Pächter wegen seiner Ansprüche gegen den Verpächter überhaupt kein Zurückbehaltungsrecht zu; das Berufungsgericht hatte aber den Vertrag dahin ausgelegt, daß die Parteien diese Vorschrift, die nachgiebiges Recht ist, für den Entschädigungsanspruch außer Kraft setzen wollten. Diese Auslegung war möglich und ohne erkennbaren Rechtsfehler erfolgt. Daran änderte auch nichts, daß der Beklagte seine Ansprüche auf unerlaubte Handlungen des Verpächters stützte und ausführte, es stelle eine unzulässige Rechtsausübung dar, wenn ihm trotzdem der gesetzliche Ausschluß des Zurückbehaltungsrechts entgegengehalten werde. Das traf schon deshalb nicht zu, weil die Räumungsklage von der Siedlungsgesellschaft erhoben worden war und die angeblichen unerlaubten Handlungen schon begangen waren, ehe die Rechte und Pflichten aus dem Pachtvertrag auf sie übergingen. Nur der Verpächter selbst hätte sich nicht auf den gesetzlichen Ausschluß des Zurückbehaltungsrechts berufen können, um die Wiedergutmachung seines Rechtsbruchs zu hemmen. (IV, 30. März 1939.) Amtl. Sammlg. S. 88—92.

18. Anfechtung der Ehelichkeit. Fristbeginn. Hemmung. (BGB. §§ 203, 1594.) Ehegatten hatten seit 1919 getrennt gelebt. Durch ein am 7. September 1921 rechtskräftig gewordenes Urteil war die Ehe geschieden worden. Am 24. Mai 1922 gebar die Frau ein Kind. Mit einer im Juni 1938 erhobenen Klage focht der Ehemann die Ehelichkeit des Kindes an. Das Landgericht wies die Klage ab, weil die Ausschlußfrist nicht eingehalten sei. Das Reichsgericht verwies die Sache zurück. Der Kläger hatte im März 1923 Kenntnis von all den Umständen erhalten, die für die Unehelichkeit des Kindes sprachen; ob er wußte, daß ein innerhalb 302 Tagen nach der Rechtskraft des Scheidungsurteils geborenes Kind als ehelich gilt, war gleichgültig. Dem Kläger war aber auf dem Standesamt ausdrücklich gesagt worden, das Kind sei unehelich; in der ihm erteilten Abschrift aus der Geburtsurkunde war das Kind auch als von einer seit 4 Jahren geschiedenen Frau geboren bezeichnet. Diese Urkunde wurde später berichtigt; davon erhielt der Kläger aber erst im Jahr 1938 Kenntnis. In der ursprünglichen Fassung mußte die Urkunde bei dem rechtsunkundigen Kläger mit Notwendigkeit den Eindruck erwecken, daß das Kind als unehelich angesehen werde. Die Unterlassung der rechtzeitigen Erhebung der Anfechtungsklage beruhte hienach auf einem unabwendbaren Zufall. (IV, 30. März 1939.) Amtl. Sammlg. S. 92—95.

Vgl. Bd. 157 S. 356.

19. Ehescheidung. Unfruchtbarkeit. Widerspruch. (EheG. §§ 49, 53, 54, 55, 58, 95.) Die am 20. Mai 1915 geschlossene Ehe der Parteien war schon nach einigen Jahren brüchig geworden. Der Kläger hatte mit einer anderen Frau Beziehungen angeknüpft; diese war im Jahr 1923 von ihm schwanger geworden, was zur Scheidung ihrer Ehe führte. Mit Zustimmung seiner Ehefrau hatte der Kläger seine Geliebte und deren Kind zu sich in seine Wohnung aufgenommen. Das eigenartige Verhältnis dauerte mehrere Jahre. Erst im Jahr 1933 verlangte die Ehefrau, daß die Geliebte und deren Kind das Haus verlassen sollten; da dem Verlangen nicht stattgegeben wurde, trennte sie sich von ihrem Manne. Seine Klage auf Scheidung wegen Zerrüttung der Ehe durch Verschulden der Ehefrau wurde vom Landgericht abgewiesen. Mit der Berufung stützte er sein Scheidungsverlangen auf § 49 (schwere Eheverfehlung), hilfsweise auf § 53 (Unfruchtbarkeit) und § 55 EheG. (Ehezerrüttung nach dreijähriger Trennung). Die Beklagte beantragte Abweisung der Klage, widersprach der Scheidung aus § 55 EheG. und beantragte hilfsweise, den Kläger für alleinschuldig zu erklären. Das Berufungsgericht schied die Ehe aus § 55 EheG. und erklärte den Kläger für schuldig. Die Revision beider Teile hatte keinen Erfolg.

a) Revision des Klägers. Der Kläger hatte vorgetragen, die Beklagte, die ein Jahr älter als er war, sei in der Ehe von Anfang an geschlechtlich zurückhaltend und kalt gewesen, habe ihm nach seiner Rückkehr aus dem Felde den Geschlechtsverkehr verweigert und sei damit einverstanden gewesen, daß er dafür anderwärts Ersatz gesucht habe; darum habe sie auch geduldet, daß er seine Geliebte und seinen Sohn in sein Haus aufnahm. Das Berufungsgericht ließ dahingestellt, ob die kühle Veranlagung der Frau den Kläger veranlaßte, sich anderen Frauen zuzuwenden; wenn sie die Aufnahme seiner Geliebten in sein Haus duldete, konnte er ihr daraus keinen Vorwurf machen, da sie damit nur seinen Wünschen nachgab. Schuldhaft war es auch nicht, daß sie nachträglich diesem Verhältnis zu Dreien, das mit dem Wesen der Ehe völlig unvereinbar war, ein Ende zu machen suchte. — Die Scheidung der Ehe wegen Unfruchtbarkeit hatte das Berufungsgericht versagt, weil die Frau schon 52 Jahre alt war und in diesem Alter ohnehin unfruchtbar geworden wäre. Diese Begründung fand das Reichsgericht bedenklich. Grundsätzlich ist die Scheidung wegen Unfruchtbarkeit ausgeschlossen, wenn der sie begehrende Ehegatte das dreißigste Lebensjahr vollendet hat und seit Eingehung zehn Jahre verstrichen sind; diese Vorschrift gilt aber nicht für die Übergangszeit. Da nach früherem Recht eine Scheidung wegen Unfruchtbarkeit ausgeschlossen war, hat das Gesetz für diese Zeit davon abgesehen, allein aus dem Lebensalter und der Ehedauer die Folge herzuleiten, daß die Eheleute sich mit der Unfruchtbarkeit für die Zukunft abfinden müssen. Darnach kann aber die Tatsache, daß die Ehefrau bei ihrem Lebensalter unter allen Umständen schon unfruchtbar geworden wäre, dem Scheidungsverlangen nicht schlechthin entgegenstehen. Gleichwohl war auch dieser Grund nicht ausreichend für die Scheidung. Der Kläger hatte selbst vorgetragen, daß er das Verhältnis mit seiner Geliebten begonnen habe, weil seine Ehe kinderlos geblieben war, und daß seine Frau aus diesem Grunde zugestimmt habe, daß er von einer anderen Frau Kinder zu erhalten suche. Beide hatten sich also damit abgefunden, daß aus der Ehe Kinder nicht hervorgingen. Dabei war es nicht von entscheidender Bedeutung, ob der Kläger sich darein schickte, weil er die Beklagte für unfruchtbar hielt, oder weil sie eine Abneigung gegen den Geschlechtsverkehr an den Tag legte.

b) Revision der Beklagten. Ob eine Zerrüttung der Ehe vorlag, war vornehmlich Sache der tatrichterlichen Würdigung. Die Annahme wurde nicht dadurch ausgeschlossen, daß die Beklagte an der Ehe mit dem Kläger festhalten wollte. Entscheidend ist nur, daß wenigstens bei einem der Ehegatten die eheliche Gesinnung in einem Maße verloren gegangen ist, daß die Ehe als unheilbar zerrüttet angesehen werden muß und eine Beseitigung dieses Zustandes nicht mehr zu erwarten ist. Beim Leben zu Dreien bedurfte es keines besonderen Ereignisses, um die Zerrüttung schließlich zu einem solchen Maße anwachsen zu lassen. Den Widerspruch der Beklagten hatte das Berufungsgericht nicht durchgreifen lassen, weil die Aufrechterhaltung der Ehe sittlich nicht gerechtfertigt sei. Daß nur den Kläger eine Schuld an der Ehezerrüttung traf, war nicht entscheidend; der Gedanke, daß der schuldige Ehegatte durch Aufrechterhaltung der Ehe zu strafen sei, hat im Ehegesetz keinen Raum. Ebensowenig machte es etwas aus, ob der Kläger durch sein Verhalten die Beklagte dazu zwang, sich von ihm zu trennen. Beachtet mußte immerhin werden, daß sie, wenn ihr auch keine eheliche Verfehlung zur Last fiel, doch durch ihr Verhalten zum mindesten dazu beitrug, daß ihre Ehe zerbrach. Indem sie jahrelang duldete, daß der Kläger in seinem Haus gewissermaßen zwei Ehen nebeneinander führte, bewies sie selbst, daß sie die rechte Einstellung zur Ehe nicht besaß. Daran änderte es nichts, wenn man davon ausging, daß sie dieses Verhalten nur aus selbstlosem Entgegenkommen gegen den Kläger betätigt habe. Keinesfalls gab ihr Verhalten ihr das Recht, diese Ehe, die sie selbst mituntergraben hatte, nunmehr als leere Form aufrecht zu erhalten. (IV, 3. April 1939.) Amtl. Sammlg. S. 95—104.

20. Ehescheidung. Ehebruch. Ehezerrüttung. Verschulden. (EheG. §§ 47, 55, 56, 57, 61.) Die Parteien hatten im Jahr 1912 die Ehe geschlossen; im Jahr 1919 hatten sie sich getrennt. Im April 1938 erhob der Ehemann Klage auf Scheidung wegen Zerrüttung der Ehe durch Verschulden der Frau. Die Klage wurde abgewiesen. Während des Berufungsverfahrens trat das neue Ehegesetz in Kraft. Der Kläger stützte nunmehr sein Scheidungsbegehren auf § 55 EheG. (Zerrüttung der Ehe nach dreijähriger Trennung). Die Beklagte erhob Widerklage auf Scheidung der Ehe wegen Verschulden des Klägers (§§ 47, 49 EheG.). Das Berufungsgericht schied die Ehe aus § 55 EheG. und wies die Widerklage ab. Die Revision der Beklagten führte zur Zurückverweisung. Auch gegenüber einer Scheidungsklage aus § 55 EheG. ist eine Widerklage auf Scheidung wegen Verschulden des Klägers zulässig. Die Beklagte hatte ihre Widerklage damit begründet, daß der Kläger ein ehebrecherisches Verhältnis unterhalte. Das Berufungsgericht hatte dazu erklärt, daß dieses Verhältnis nicht ehezerstörend gewirkt haben könne, weil die Ehe schon in den vorausgegangenen 15 Jahren völlig zerstört gewesen sei. Das Reichsgericht trat dieser Auffassung bei. Nach bisherigem Recht mußte eine Ehe wegen Ehebruch geschieden werden, auch wenn dieser erst nach jahrelangem Getrenntleben begangen wurde und die Ehe aus sonstigen Gründen längst zerstört war. Von dieser schematischen Behandlung des Ehebruchs hat sich das neue Recht abgewandt. Es sieht gleichfalls den Ehebruch als eine schwere Schuld, als die schlimmste Verletzung des Treuegedankens an; aber der wirkliche Ehebruch setzt voraus, daß zwischen den Ehegatten noch etwas vorhanden ist, was gebrochen und zerstört werden kann. Die ältere Rechtsprechung, die darauf hinauslief, eine Ehe könne niemals so weit zerrüttet sein, daß eine weitere Eheverfehlung die Zerrüttung nicht noch vertiefen könne, ist durch § 56 EheG. überholt und kann heute keinen Anspruch auf Beachtung mehr erheben. Auch ein Schuldausspruch aus § 61 EheG. konnte unter diesen Umständen nicht verlangt werden. Dagegen hatte das Berufungsgericht mit Unrecht abgelehnt zu prüfen, ob nicht fühere Eheverfehlungen des Klägers wenigstens ausreichten, um diesen aus Billigkeitsgründen für schuldig zu erklären, wenn auch auf sie ein Scheidungsbegehren nicht mehr gestützt werden konnte. In dem Widerklageantrag auf Scheidung lag auch der Antrag, den Kläger für schuldig zu erklären; eines besonderen Antrags nach dieser Richtung bedurfte es nicht. (IV, 3. April 1939.)

Amtl. Sammlg. S. 104—109.
Vgl. Bd. 160 S. 31.

21. Nacherbschaft. Berliner Testament. (BGB. §§ 2100, 2269.) Ehegatten setzten sich gegenseitig als Erben ein und bestimmten zugleich, daß nach dem Tode des Längstlebenden ihre Kinder beziehentlich deren Nachkommen zu Nacherben berufen sein sollten; zugleich gab der Ehemann seiner Ehefrau für sich und seine Erben notariell beglaubigte Vollmacht. Nach dem Tode des Mannes erteilte das Nachlaßgericht der Witwe einen Erbschein dahin, daß sie sich als Alleinerbin ausgewiesen habe. Nachdem sie wieder geheiratet hatte, wurde der minderjährigen

Tochter ein Pfleger zur Wahrnehmung ihrer Belange bestellt. Es kam ein Vergleich zustande, wonach die Witwe als Vorerbin, die Tochter als Nacherbin anzusehen war; die Witwe verpflichtete sich, den Erbschein zum Zweck der Berichtigung herauszugeben. Das Nachlaßgericht lehnte die Berichtigung ab. Die Feststellungsklage der Tochter wurde in zwei Rechtszügen abgewiesen. Das Reichsgericht gab ihr statt. Die Anordnung des Testaments war völlig eindeutig; die Rechtsstellung der Tochter durch das Wort Nacherbe war ganz unmißverständlich umschrieben. Jede Auslegung findet darin ihre Grenze, daß für sie die vorliegende Willenserklärung irgendeinen Anhalt bieten muß. Ein solcher fehlte für die Auffassung, daß die Beklagte als unbeschränkte Vorerbin eingesetzt werden sollte. Die der Witwe erteilte Vollmacht rechtfertigte keine andere Auslegung. Das rechtliche Interesse an der begehrten Feststellung ergab sich schon daraus, daß ein Erbschein gegenteiligen Inhalts ausgestellt war. (IV, 3. April 1939.) Amtl. Sammlg. S. 109—112.

22. **Ehezerrüttung. Zumutbarkeit. Herstellungsklage.** (EheG. §§ 49, 94; BGB. § 1353.) Eine auf Zerrüttung der Ehe durch Verschulden der Frau gestützte Klage wurde im Jahr 1927 abgewiesen mit der Begründung, daß in dem Verhalten der Beklagten keine Eheverfehlung zu erblicken sei. Das Urteil wurde rechtskräftig. Da der Ehemann sich weigerte, seine Frau, die sich von ihm getrennt hatte, wieder aufzunehmen, klagte diese auf Herstellung der ehelichen Gemeinschaft. Der Beklagte beantragte Abweisung der Klage und erhob Widerklage mit dem Antrag, die Ehe aus Verschulden der Klägerin zu scheiden. Die Klage drang durch, die Widerklage wurde abgewiesen. Das Scheidungsbegehren des Beklagten war auf dieselben Tatsachen gestützt wie seine frühere Scheidungsklage. Allerdings können Pflichtverletzungen, wegen derer nach früherem Recht die Ehe nicht geschieden werden konnte, weil dem dadurch verletzten Ehegatten die Fortsetzung der Ehe zuzumuten war, nach neuem Recht einen Scheidungsanspruch begründen, wenn die Wiederherstellung einer dem Wesen der Ehe entsprechenden Lebensgemeinschaft nicht zu erwarten ist; auf den vorliegenden Fall traf aber diese Erwägung nicht zu, weil die frühere Entscheidung gar nicht auf die Frage der Zumutbarkeit abgestellt war. Im Begriff der schweren Eheverfehlung stimmen das alte und das neue Recht überein. Die rechtskräftige Abweisung der früheren Klage stand also der Widerklage im Wege. Eine Klage auf Wiederherstellung des ehelichen Lebens ist auch durch das neue Recht

nicht ausgeschlossen, wenn sie auch nicht mehr Voraussetzung für eine Scheidung wegen böslichen Verlassens ist. Der Sinn der Wiederherstellungsklage liegt darin, daß sie dem verurteilten Ehegatten seine Pflicht zur Wiederherstellung der ehelichen Gemeinschaft zur Gewißheit bringt; die grundlose Nichterfüllung des Urteilsspruchs wird im allgemeinen auch nach neuem Recht einen Scheidungsgrund bilden. (IV, 17. April 1939.)

Amtl. Sammlg. S. 112—115.

23. Straßenverkehr. Richtungsänderung. (RStrVO. § 27.) In eine Straße mündete eine andere in einem spitzen Winkel ein. Eine Radfahrerin kam auf der einmündenden Straße gefahren und wollte die andere Straße überqueren; hier stieß sie mit einem Kraftwagen zusammen, der auf dieser Straße in entgegengesetzter Richtung fuhr und seine Fahrt auf ihr fortsetzen wollte. Ihre Klage auf Schadenersatz wurde in allen Rechtszügen abgewiesen. Sie war besonders damit begründet, daß der Beklagte kein Winkzeichen gegeben habe, so daß sie nicht habe sehen können, ob er in die andere Straße abbiegen wolle oder nicht. Für die Frage, ob eine Richtungsänderung vorliegt, die zum Zeichengeben verpflichtet, ist entscheidend, welche von mehreren Straßen im Einzelfalle nach vernünftiger Verkehrsauffassung als Fortsetzung der bisherigen Fahrtrichtung anzusehen ist. Unter Fahrtrichtung ist nicht immer die Richtung geradeaus zu verstehen; die bisherige Fahrtrichtung wird vielmehr auch dann beibehalten, wenn der Verkehrsteilnehmer eine im Verkehrssinn einheitliche Straße, die eine leichte Kurve macht, benutzt und auf dieser verbleibt, obwohl er geradeaus auf einer anderen, in der Kurve einmündenden Straße weiterfahren könnte. So lag der Fall hier. Die Straße, auf der der Beklagte fuhr, machte an der Unfallstelle einen kleinen Bogen nach links, wich also nur unbedeutend von ihrer bisherigen Richtung ab; die geradeaus weiterführende Straße, auf der die Klägerin fuhr, war nur eine Nebenstraße. Der Beklagte war hiernach nicht verpflichtet, seinen linken Fahrtrichtungszeiger herauszustecken. VI, 8. März 1939.)

Amtl. Sammlg. S. 115—118.

Vgl. JW. 1931 S. 3333.

24. Schadenersatz. Umschulungspflicht. Mitverschulden. Beweis des ersten Anscheins. (BGB. § 254.) Einem Kraftwagenführer, der durch einen Unfall verletzt worden war, wurde eine Rente bis zu seinem 65. Lebensjahr zugesprochen. Der Beklagte vertrat die Auffassung, der Kläger müsse die ihm verbliebene Erwerbsfähigkeit, notfalls nach Umschulung, in einem anderen Berufe einsetzen. Das Reichsgericht trat dieser Auffassung nicht bei. Der Kläger hatte für den ihm entgangenen Verdienst lediglich Eintritt und Höhe des Schadens, d. h. Art und Umfang der Verletzung sowie ihre bisherige und voaussichtliche zukünftige Auswirkung auf seinen bisherigen Erwerb nachzuweisen. Das Berufungsgericht hatte festgestellt, daß der im Jahr 1904 geborene Kläger als Folge des im Jahr 1935 erlittenen Unfalls (Beinverletzung) auch nach langwieriger Heilung noch erwerbsbeschränkt bleiben werde; es hatte ihn zwar für den allgemeinen Arbeitsmarkt nur als zu 50% erwerbsbeschränkt, für seinen Beruf als Lastkraftwagenführer aber als voll erwerbsunfähig angesehen. Damit war das Zusprechen einer Rente für die gesamte, ohne den Unfall als wahrscheinlich anzunehmende Zeit der Erwerbsfähigkeit des Klägers, d. h. bis zu seinem 65. Lebensjahr, gerechtfertigt; denn damit stand fest, daß der vom Beklagten zu vertretende Unfall mit allen seinen Folgen dem Kläger die Fortsetzung seines bisherigen Berufs auf Lebenszeit unmöglich gemacht und damit einen Dauerschaden herbeigeführt hatte, der durch eine entsprechende Rente ausgeglichen werden mußte. Eine Minderung dieser Rentenverpflichtung konnte nur durch den Nachweis eines Mitverschuldens des Verletzten erreicht werden. Ein solches konnte im Fall des Bestehens einer Verpflichtung des Verletzten zur Übernahme anderweitigen Erwerbs sowie einer schuldhaften Verletzung dieser Verpflichtung angenommen werden. Das Vorliegen dieser Voraussetzungen hat der Schädiger darzutun und zu beweisen. Dem Verletzten obliegt nur die Pflicht, auf Anfordern Aufklärung über seine persönlichen Verhältnisse zu geben. Nur ganz besondere Umstände, die nach allgemeiner Lebenserfahrung von vornherein dafür sprechen, daß ein Verletzter eine ihm zuzumutende andere Arbeit finden müßte, wenn er sich darum bemühen würde, könnten einen Beweis des ersten Anscheins in der Richtung erbringen, daß das Nichtergreifen eines anderen Erwerbs auf schuldhafter Verletzung der allgemeinen Pflicht, zur Minderung des Schadens beizutragen, beruhe. Darüber, ob und in welchem Zeitpunkt eine Verpflichtung zur Aufnahme eines neuen Erwerbs gegeben ist, lassen sich nur allgemeine Regeln aufstellen, weil die Beurteilung des Einzelfalls von den persönlichen Verhältnissen des Verletzten wie von der jeweiligen Arbeitsmarktlage für die einzelnen Berufsmöglichkeiten abhängt, so daß stets die von den Parteien eingehend darzulegenden, vom Gericht sorgsam aufzuklärenden und in ihrer Gesamtheit zu würdigenden

Umstände entscheiden müssen. Allgemein läßt sich folgendes sagen: Jeder arbeitsfähige Verletzte hat die Pflicht, die ihm verbliebene Arbeitskraft nutzbringend zu verwerten; dabei kommen aber nur solche Erwerbsmöglichkeiten in Betracht, die dem Verletzten nach seiner Persönlichkeit und in dem nicht allzu eng zu ziehenden Rahmen seiner bisherigen Lebensstellung zuzumuten sind. Auch auf Nebenumstände, etwa auf die persönliche Bindung des Verletzten an einen bestimmten Personenkreis oder einen bestimmten örtlichen Bezirk, wird Rücksicht zu nehmen sein, soweit diese Umstände voraussichtlich auch bei freiwilliger Berufswahl, unabhängig von dem Unfall und seinen Folgen, eine Rolle gespielt haben würden. Die Fragen können im Einzelfall nur bei verständigem Zusammenwirken beider Parteien befriedigend gelöst werden. Der Geschädigte muß wenigstens in großen Gebieten angeben, welche Tätigkeiten für ihn überhaupt in Betracht kommen, innerhalb deren der Schädiger ihm eine anderweitige Erwerbsmöglichkeit nachweisen soll. Stehen die an sich möglichen Gebiete fest, so hat der Schädiger Ausbildungs- und Berufsmöglichkeiten darzutun und die erforderlichen Kosten zur Verfügung zu stellen. Wenn danach dem Geschädigten der Übergang zu einem anderen Beruf angesonnen werden kann, ist er, sobald ihm die Mittel dazu zur Verfügung gestellt werden, verpflichtet, wenigstens mit der Ausbildung zu beginnen, sofern auch nur mit einiger Wahrscheinlichkeit damit zu rechnen ist, daß er in diesem Beruf eine Stellung findet. (VI, 15. März 1939.) Amtl. Sammlg. S. 119—122.
Vgl. JW. 1931 S. 2366.

25. Auftrag. Widerruf. Gemeinschaft. (BGB. §§ 671, 745.) Ein Gutsbesitzer setzte in seinem Testament seine Frau als Vorerbin und seine vier Kinder nach Nacherben ein. Eine Tochter als Vorerbin wurde wegen ihrer Ansprüche auf den Nachlaß ihres Vaters abgefunden; mit den übrigen Kindern schloß die Witwe einen Auseinandersetzungsvertrag, wonach die beiden Töchter als Eigentümerinnen des Gutes eingetragen wurden, während die Witwe und der Sohn hypothekarisch gesicherte Forderungen erhielten. Die Witwe hatte nach dem Erbfall die Verwaltung des Gutes übernommen; in dem Auseinandersetzungsvertrag wurde gesagt, daß sie berechtigt, aber nicht verpflichtet sein sollte, die Verwaltung weiterzuführen. Eine der Töchter kam mit der Mutter in Streit und widerrief den ihr erteilten Auftrag zur Verwaltung des Gutes. Da die Mutter den Widerruf nicht als wirksam anerkannte, klagte die Tochter auf Feststellung, daß die Beklagte von ihr einen Auftrag zur Verwaltung des Gutes nicht mehr habe. Das Berufungsgericht gab der Klage statt. Das Reichsgericht wies sie ab. Das zwischen den Parteien bestehende Rechtsverhältnis hatte das Berufungsgericht als ein in die Form des Auftrags gekleidetes Treuhandverhältnis bezeichnet. Das Reichsgericht erklärte das für bedenkenfrei. Die Beklagte hatte das aus ihrer Vorerbenstellung folgende lebenslängliche Recht auf Verwaltung des Gutes durch den Auseinandersetzungsvertrag aufgegeben; wenn die beiden Töchter ihr die Verwaltung des Gutes überließen, obwohl ihnen als Miteigentümerinnen die Verwaltung zustand, war das als ein gemeinsam erteilter Auftrag anzusehen. Daß gesagt wurde, die Beklagte sei zur Führung der Verwaltung berechtigt, aber nicht verpflichtet, bedeutete nur eine besondere Hervorhebung des der Beklagten ohnehin zustehenden Kündigungsrechts. Entscheidend war, ob eine der beiden Auftraggeberinnen für sich allein den Auftrag wirksam widerrufen konnte. Das Berufungsgericht hatte diese Frage mit der Begründung bejaht, daß es dem Vertrauensverhältnis, das dem Auftrag zugrunde liegt, widersprechen würde, wenn der Auftraggeber wider seinen Willen bei seiner früher einmal abgegebenen Erklärung festgehalten werden könnte. Diese Auffassung berücksichtigte nicht, daß es mehreren Auftraggebern rechtlich freisteht, sich untereinander Bindungen für einen Widerruf des Auftrags aufzuerlegen und dies auch nach außen dem Beauftragten gegenüber zum Bestandteil der Vereinbarung zu machen. Geschieht das, so äußert das zwischen den Auftraggebern bestehende Innenverhältnis notwendig seine Wirkung auch nach außen dergestalt, daß ein damit unvereinbarer Widerruf des einzelnen Auftraggebers auch dem Beauftragten gegenüber der Rechtswirksamkeit entbehrt. Den beiden Miteigentümerinnen war die Verwaltung des Gutes durch ihre Mutter so zur Selbstverständlichkeit geworden, daß sie diese auch nach ihrer Verheiratung fortbestehen ließen. Sie hatten damit einstimmig einen Beschluß über die Verwaltung gefaßt, der nur in gleicher Weise wieder umgestoßen werden konnte. Bei der engen Familiengemeinschaft, die zwischen den Beteiligten bestand, und der maßgeblichen Stellung, welche die Beklagte in dieser einnahm, mußte das nach dem Willen der Beteiligten auch für das zwischen den Miteigentümerinnen und der Beklagten begründete Auftragsverhältnis Bedeutung haben. Dieses war mit der zwischen den Töchtern bestehenden Gemeinschaft eng verknüpft.

Eine innerhalb dieser Gemeinschaft nicht mögliche einseitige Änderung der Verwaltungsbestimmung widersprach auch nach außen im Verhältnis zur Beklagten dem Geiste sämtlicher Abmachungen innerhalb des Familienkreises, einerlei, ob man annehmen wollte, daß durch den Widerruf der ganze Auftrag hinfällig wurde, oder daß die Beklagte darnach genötigt wäre, fortan die Verwaltung nur gemeinsam mit der Klägerin zu führen. Nur wenn die Klägerin einen wichtigen Grund für die Aufhebung des Miteigentums gehabt hätte, wäre sie in der Lage gewesen, einseitig den bestehenden Zustand zu ändern. (VI, 29. März 1939.) Amtl. Sammlg. S. 122—128.

26. Kraftfahrzeug. Betrieb. Adäquate Ursache. Beweis des ersten Anscheins. (KFG. § 7.) Eine Lautsprecheranlage, die auf einen Kraftwagen aufgebaut war, spielte während der Fahrt durch eine Stadt den Kuckuckwalzer. Als der Kuckuckruf des Musikstücks ertönte, scheuten dadurch die Pferde eines Rollwagens, der etwa 60 Meter von dem Kraftwagen entfernt stand; sie überrannten einen Radfahrer, der dadurch schwer verletzt wurde. Auf seine Klage gegen den Halter und den Kutscher des Rollwagens erhielt er auf Grund eines Vergleichs eine Abfindung. Nunmehr klagte der Halter und der Kutscher des Rollwagens gegen den Halter und den Führer des Kraftwagens auf Schadenersatz. Die Klage war an erster Stelle auf das Kraftfahrzeuggesetz, an zweiter Stelle auf unerlaubte Handlung gestützt. Sie hatte keinen Erfolg. Die Haftung aus dem Kraftfahrzeuggesetz hat zwei Voraussetzungen: einmal muß der Unfall als zum Betriebe des Kraftfahrzeugs gehörig festgestellt werden; sodann muß diese Ursache allgemein voraussehbar (adäquat) für einen solchen Unfall sein. Für den Begriff des Betriebes eines Kraftfahrzeugs genügt ein unmittelbarer örtlicher und zeitlicher Zusammenhang mit einem bestimmten Betriebsvorgang (Fahren, Anhalten, Öffnen der Türen usw.) oder mit bestimmten Betriebseinrichtungen des Kraftfahrzeugs. Es darf nicht allgemein gefordert werden, daß der Unfall durch Gefahren verursacht sein müsse, die dem Betriebe gerade eines Kraftfahrzeugs eigentümlich und mit anderen Betrieben nicht verbunden sind; nur wenn es an jenem Zusammenhang fehlt, ist der Nachweis erforderlich, daß der Unfall im inneren Zusammenhang mit einer dem Kraftfahrbetrieb eigentümlichen (nicht: ausschließlich eigentümlichen) Gefahr steht. Dabei wird die Frage von Bedeutung, ob diese Grundsätze lediglich auf das Kraftfahrzeug als solches oder auch auf dessen sonstige Einrichtungen anzuwenden sind. Bei der Fülle der möglichen Gestaltungen läßt sich die Frage nicht erschöpfend beantworten; es können nur leitende Grundsätze aufgestellt werden. Bei Schäden, die durch Berührung mit dem Fahrzeug oder ihr gleichstehende Vorgänge, also durch das Fahrzeug als körperlichen Gegenstand entstehen, wird der Begriff des Betriebs auf das Fahrzeug in seiner jeweiligen Gestaltung, einschließlich etwaiger Sonderaufbauten und der Ladung, bezogen werden müssen. Anders als diese Schädigungen müssen die Fälle behandelt werden, bei denen es sich nur um mittelbare Einwirkungen (auf Auge, Ohr usw.) handelt. Hier ist zu unterscheiden, ob diese Einwirkungen von dem Fahrzeug als solchem einschließlich seiner dem Beförderungszweck dienenden Aufbauten oder von der Ladung ausgehen; der Ladung müssen Sondereinrichtungen gleichgestellt werden, wenn sie nichts anderes sind als eine dauernde Ladung. Wird z. B. ein einem Kraftwagen entgegenkommender Fahrer durch die Scheinwerfer des Kraftwagens geblendet, so ist ein darauf zurückzuführender Schaden beim Betrieb des Kraftwagens entstanden; geht die Blendung aber von einem auf dem Kraftwagen aufgebauten Scheinwerfer aus, mit dem während der Fahrt das Gelände abgesucht wird (durch die Wehrmacht, die Polizei oder die Feuerwehr), so entspringt die Gefahr nicht mehr dem Betrieb des Kraftwagens, sondern Maßnahmen, die unabhängig davon vorgenommen worden sind. Bei Geräuscheinwirkungen gehören die Signale oder sonstigen von dem Fahrzeug selbst ausgehenden Geräusche zu den Betriebsvorgängen; wird dagegen eine Musikkapelle auf einem Kraftwagen befördert und werden durch ihr Spiel Menschen oder Tiere erschreckt, so kann man nicht davon sprechen, daß der Schaden bei dem Betrieb des Fahrzeugs entstanden ist. Das gleiche muß gelten, wenn die Musik nicht von einer Kapelle, sondern von einer Lautsprecheranlage ausgeht, selbst wenn diese auf dem Fahrzeug fest eingebaut ist. Die Anlage bildet zwar äußerlich (körperlich betrachtet) eine Einheit mit dem Fahrzeug; mit seinem Wesen hat sie aber nichts zu tun. Es ist allerdings denkbar, daß die Gefahr erst durch besondere, mit dem Kraftfahrzeug, seiner Bewegung oder seinem Anhalten zusammenhängende Umstände geschaffen wird, z. B. wenn Fässer, die sich auf einem Kraftwagen befinden, infolge von Erschütterungen auf der Fahrt wegen schlechter Federung des Wagens oder infolge schnellen Fahrens auf schlechten Wegen leck gesprungen sind. Für das Vorliegen solcher besonderer Umstände ist der Verletzte beweispflichtig, soweit er sich nicht auf den Beweis des ersten Anscheins berufen kann. Ergibt sich darnach, daß der Unfall auf eine dem Kraftfahrbetrieb eigentümliche Gefahr zurückzuführen ist, so ist die Haftung aus dem Kraftfahrzeuggesetz wiederum gegeben. Das Berufungsgericht hatte sich der Auffassung, der Zusammenhang mit dem Betrieb des Kraftwagens sei darin gelegen gewesen, daß die Musik infolge der Fortbewegung des Wagens sich den Pferden annäherte und an Lautstärke zunahm, nicht angeschlossen; da es sich hiebei um eine tatrichterliche Würdigung handelte, war das Revisionsgericht daran gebunden. Dafür, daß sich die Musik den Tieren erschreckend schnell genähert hatte, lag kein Nachweis vor. Ein schuldhaftes Verhalten war gleichfalls nicht dargetan. Die Lautstärke der Musik hätte zwar bei der Annäherung an Tiere gemindert werden müssen, sowie eine Unruhe bei diesen bemerkbar war; im gegebenen Falle war das aber bei der großen Entfernung des Kraftwagens von dem Rollwagen nicht möglich. (VI, 8. März 1939.)

Amtl. Sammlg. S. 129—134.

Vgl. Bd. 126 S. 139; Bd. 132 S. 262.

27. Vergleichsverfahren. Absonderungsrecht. Unvollkommene Verbindlichkeit. Anerkenntnis. Bereicherung. (VerglO. a. F. §§ 2, 73, 82; n. F. §§ 27, 82; BGB. §§ 781, 782.) Auf einem Anwesen waren zugunsten einer Bank zur Sicherung eines von dieser gewährten Kredits Grundschulden im Gesamtbetrag von 67000 RM. eingetragen. Der Eigentümer geriet in Bedrängnis; im März 1931 wurde das Vergleichsverfahren zur Abwendung des Konkurses eröffnet. Die Forderungen der Bank betrugen in diesem Zeitpunkt rund 57000 RM. Sie nahm an, daß hievon etwa 53000 RM. durch die Grundschulden gedeckt seien, und meldete 4500 RM. zur Teilnahme am Vergleichsverfahren an. Es kam ein Vergleich auf 40% zustande; die entsprechende Quote wurde an die Bank ausbezahlt. Sie führte die zur Zeit der Eröffnung des Vergleichsverfahrens geschuldete Summe nach Abzug von 4500 RM. im Konto ihres Schuldners weiter; dieser erkannte wiederholt den Schuldstand vorbehaltlos an. Nach mehreren Jahren klagte er auf Feststellung, daß er für diesen Betrag nicht persönlich hafte, da die Bank mit der Anmeldung der Forderung von 4500 RM. kundgegeben habe, daß sie sich für den Rest nur an das Pfand halten wolle. Das Landgericht wies die Klage ab. Die unmittelbar eingelegte Revision führte zur Zurückverweisung an das Oberlandesgericht. Während des Verfahrens wurde das Anwesen versteigert; die Bank erhielt für 58500 RM. den Zuschlag. Ihre Forderung betrug rund 68000 RM.; von dem Erlös verblieben ihr nur rund 22000 RM. Das Berufungsgericht stellte fest, daß der Kläger der Beklagten für die ihm zur Last geschriebenen Beträge nicht persönlich hafte. Das Reichsgericht verwies die Sache neuerdings zurück. In seinem früheren Urteil hatte das Reichsgericht unmißverständlich klargelegt, daß in einem Vergleichsverfahren der Absonderungsberechtigte, der zugleich persönlicher Gläubiger ist, durch die Bestätigung des Vergleichs ohne Rücksicht auf einen Ausfall bei der abgesonderten Befriedigung und ohne Rücksicht auf einen Verzicht auf eine solche seine persönliche Forderung gegen den Vergleichsschuldner über die Vergleichsquote hinaus als erzwingbare Forderung verliert. Die Beklagte hatte mit ihrer ganzen Forderung an dem Vergleichsverfahren teilgenommen, war mit dieser vom Vergleich betroffen worden und hatte sie im Umfang des Zwangserlasses als erzwingbare persönliche Forderung auch insoweit verloren, als sie auf ihr Absonderungsrecht nicht verzichtet hatte; insoweit galt sie im Vergleichsverfahren dafür als durch ihr Absonderungsrecht befriedigt, ohne Rücksicht darauf, ob sie bei der Verwirklichung dieses Rechts hinterher einen Ausfall erlitt oder nicht. Immerhin hatte das nur die Wirkung, daß der erlassene Forderungsteil (60% der gesamten persönlichen Forderung) nicht mehr erzwingbar war, aber als unvollkommene Verbindlichkeit fortbestand. Das Berufungsgericht hatte festgestellt, daß durch die vom Kläger vorbehaltlos abgegebenen Anerkenntnisse ein neues, selbständiges Schuldverhältnis begründet worden war. Diese Feststellung lag im wesentlichen auf dem dem Tatrichter vorbehaltenen Gebiet der Ermittelung und Auslegung von Willenserklärungen und war für das Revisionsgericht bindend. Die Anerkenntnisse konnten auch nicht nach den Grundsätzen über die ungerechtfertigte Bereicherung zurückgefordert werden, weil auch eine unvollkommene Verbindlichkeit, wie die im Vergleichsverfahren erlassene Restschuld sie darstellt, eine rechtliche Grundlage für einen Schuldanerkenntnisvertrag zu bilden vermag. Das Berufungsgericht hatte also festzustellen, wie groß der Ausfall war, den die Beklagte bei der Verwertung ihres Absonderungsrechts auf den Teil ihrer vom Vergleich betroffenen persönlichen Forderung erlitten hatte, für den sie auf ihr Absonderungsrecht nicht verzichtet hatte; soweit sich dieser Ausfallbetrag im Rahmen des Vergleichszwangserlasses auf denselben Forderungsteil hielt, bestand die Forderung auf Grund der Anerkenntnisverträge fort.

(VII, 14. März 1939.) Amtl. Sammlg. S. 134—139.
Vgl. Bd. 155 S. 95.

28. Ehescheidung. Widerspruch. (BGB. §§ 1567, 1568; EheG. §§ 55, 69, 93.) Aus einer im Jahr 1909 geschlossenen Ehe gingen bis 1915 vier Kinder hervor. Im Jahr 1920 verließ der Ehemann im Anschluß an einen Streit die eheliche Wohnung; die Frau mit den Kindern blieb in dieser zurück. Im Jahr 1925 wurde die Frau zur Wiederherstellung der ehelichen Gemeinschaft verurteilt. Da sie dem Urteil keine Folge gab, klagte der Ehemann im Jahr 1937 auf Scheidung nach § 1567 BGB. Das Berufungsgericht wies die Klage ab, weil der Kläger niemals ernstlich die Wiederherstellung der ehelichen Gemeinschaft verlangt hatte. Während des Revisionsverfahrens trat das Ehegesetz vom 6. Juli 1938 in Kraft. Die nunmehr auf § 55 EheG. gestützte Klage drang trotz des Widerspruchs der Frau durch; doch wurde der Kläger als alleinschuldig erklärt. Mit Recht hatte das Berufungsgericht die Scheidung aus § 1567 BGB. versagt. Nachdem das Ehegesetz in Kraft getreten war, konnte aber der Kläger sein Scheidungsverlangen auf eine neue Grundlage stellen und auch neue Tatsachen vorbringen, die erst durch das Ehegesetz erheblich geworden waren. Dabei kam es nicht darauf an, ob die Revision auch nach dem früheren Recht hätte Erfolg haben müssen; die Anordnung, daß das neue Gesetz auch dann in der Revisionsinstanz anzuwenden ist, wenn es zur Zeit der letzten Verhandlung vor dem Berufungsgericht noch nicht galt, kann nur dahin verstanden werden, daß es nicht entscheidend auf die Richtigkeit des Berufungsurteils nach dem bisherigen Recht ankommen soll. Das Reichsgericht konnte in der Sache selbst entscheiden, weil das Scheidungsverlangen sich auch ohne Beweisaufnahme als begründet erwies. Die häusliche Gemeinschaft der Parteien war seit fast 20 Jahren aufgegeben; das eheliche Verhältnis war so zerrüttet, daß die Wiederherstellung einer dem Wesen der Ehe entsprechenden Lebensgemeinschaft nicht zu erwarten war. Der Widerspruch der Frau konnte unter solchen Umständen nicht zur Abweisung der Klage führen. Allerdings wurde die Frau, die zur Zeit des Urteils schon 61 Jahre alt war, durch die Scheidung härter betroffen, als wenn die Ehe bald nach der Trennung aufgelöst worden wäre. Daß es aber zu einer früheren Auflösung nicht gekommen war, hatte die Beklagte selbst veranlaßt, indem sie in dem früheren Rechtsstreit ihre Widerklage nicht weiter verfolgt hatte, obwohl sie Aussicht auf Erfolg hatte. Nach der jetzigen Auffassung hätte sie richtiger gehandelt, die Ehescheidung damals durchzuführen, als den Kläger an einer Ehe festzuhalten, die mit dem wahren Wesen der Ehe nichts gemein hatte. Bei dieser Sachlage mußte auch die Vorsorge, die das Ehegesetz für den Unterhalt der geschiedenen Frau trifft, für die Beklagte als ausreichend angesehen werden, zumal sie vier erwachsene Kinder hatte, die im äußersten Fall für sie sorgen konnten und mußten. Die Kinder waren selbst nicht mehr erziehungsbedürftig, standen demzufolge mit eigenen Belangen der Scheidung nicht im Wege. (IV, 30. März 1939.)

Amtl. Sammlg. S. 140—144.

Vgl. Bd. 160 S. 41.

29. Ehescheidung. Widerspruch. (EheG. § 55.) Ein Beamter schloß im Jahre 1920 eine Ehe; aus ihr ging ein im Jahr 1922 geborener Sohn hervor. Im Mai 1930 wurde der Beamte versetzt; seine Frau blieb in der bisherigen Wohnung, wo ihr Mann sie wiederholt besuchte. Im April 1931 überraschte die Frau ihren Mann beim Ehebruch; sie gab daraufhin die bisherige Wohnung auf und zog zu ihrer Mutter. Auf ihr Betreiben wurde dem Manne das Recht der Sorge für die Person des Kindes entzogen. Im Jahr 1936 klagte er auf Scheidung aus § 1568 BGB. Das Landgericht wies die Klage ab. Im zweiten Rechtszug stützte er die Klage auf § 55 EheG., wurde aber, da die Frau der Scheidung widersprach, gleichfalls abgewiesen. Das Reichsgericht schied die Ehe aus Verschulden des Klägers. Da die häusliche Gemeinschaft der Ehegatten seit mehr als drei Jahren aufgegeben war und mit der Wiederherstellung einer dem Wesen der Ehe entsprechenden Lebensgemeinschaft nicht gerechnet werden konnte, der Kläger vielmehr offensichtlich von der Beklagten loskommen wollte, waren die Voraussetzungen des § 55 EheG. erfüllt. An der Zerrüttung der Ehe trug der Kläger die alleinige Schuld. Das Berufungsgericht hatte die Scheidung wegen des Widerspruchs der Beklagten abgelehnt. Es war davon ausgegangen, daß ein zulässiger Widerspruch auch grundsätzlich zu beachten sei und nur ausnahmsweise ohne Wirkung bleibe, wenn besondere Gründe die Scheidung trotzdem rechtfertigten. Das erklärte das Reichsgericht für rechtsirrig. So sehr der nationalsozialistische Staat darauf bedacht ist, vollwertige Ehen zu schützen, so wenig kann ihm daran gelegen sein, Ehen durch Zwang aufrecht zu erhalten, die ihren inneren Wert verloren haben. Die Zulassung eines Widerspruchs bedeutet nicht, daß die persönlichen Belange des widersprechenden Ehegatten vornehmlich zu beachten sind; vielmehr ist die Frage, ob die Aufrechterhaltung der Ehe wegen des Widerspruchs sittlich gerechtfertigt ist, in erster Reihe nach den völkischen Belangen zu beantworten. Mit diesen stände es nicht im Einklang, eine Ehe, die aufgehört hat, eine Lebensgemeinschaft der Gatten zu sein, die auch für die Zukunft keine dem Ehezweck entsprechende Entwicklung erwarten läßt, die also zu einer ausgehöhlten und zwecklosen Rechtsbindung geworden ist, nur aus Rechtsgründen als leere Form fortbestehen zu lassen. Die Beachtung des Widerspruchs muß also, sobald allgemeine Belange für die Scheidung sprechen, eine Ausnahme bilden; sie ist nur zulässig, wenn im Einzelfalle besondere Gründe es sittlich rechtfertigen, den aus der Ehe herausstrebenden Teil an ihr trotz ihrer unheilbaren Zerrüttung festzuhalten. Dem Umstand, daß der eine Ehegatte die Ehezerrüttung allein verschuldet hat, kann Bedeutung zukommen; diese Bedeutung wird aber um so geringer sein, je länger die Zerrüttung der Ehe schon währt. Der Gedanke, den schuldigen Ehegatten durch Aufrechterhaltung der Ehe zu strafen, scheidet aus; die Entscheidung ist nach sachlichen Gründen zu treffen. Im vorliegenden Fall war die Ehe der Beklagten seit acht Jahren keine wirkliche Ehe mehr; an ihrer Aufrechterhaltung hatte die Volksgemeinschaft kein Interesse. Beim Alter der Parteien (der Kläger war 44 Jahre alt, die Beklagte 40) bestand durchaus die Möglichkeit, daß die Ehescheidung den Weg zum Abschluß einer wertvollen Ehe für einen von den Gatten oder für beide frei machte. Das Kind der Parteien war 17 Jahre alt; wenn es auch noch der Erziehung bedurfte, war doch bei Aufrechterhaltung der Ehe nicht damit zu rechnen, daß eine engere Verbindung zwischen Vater und Sohn erreicht wurde, zumal dem Kläger das Recht der Sorge für die Person entzogen war. Das Berufungsgericht hatte besonders darauf Wert gelegt, daß die Beklagte durch die Scheidung ihren Anspruch auf Hinterbliebenenversorgung verlor. Das konnte nicht den Ausschlag gegen die Scheidung geben; es entstände sonst die Gefahr, daß zwischen Beamtenehen und anderen Ehen im Scheidungsrecht ein Unterschied entstände. Im gegebenen Fall war auch sehr ungewiß, ob der Fall der Witwenversorgung überhaupt eintrat. (II, 17. April 1939.) Amtl. Sammlg. S. 144—148.

30. Kraftfahrzeug. Ausgleichung. Mitverschulden. Aufrechnung. Arglist. (KFG. § 17; BGB. §§ 394, 426, 843, 1922, 1967; ZPO. § 350g.) Ein Kraftrad stieß mit einem Lastkraftwagen zusammen. Der Lenker des Kraftrades wurde getötet, seine Frau, die hinter ihm saß, schwer verletzt. Sie klagte gegen den Halter des Lastkraftwagens, der diesen selbst gelenkt hatte, auf Schadenersatz. Der Beklagte machte geltend, daß der Ehemann der Klägerin an dem Unfall mitschuldig gewesen sei und daß sie sich selbst den insoweit bestehenden Ausgleichsanspruch als dessen Erbin anrechnen lassen müsse. Die Klage drang durch. Der Anspruch der Klägerin auf Schadenersatz wegen der ihr zugefügten Verletzung wurde als solcher durch die Ausgleichspflicht ihres Ehemannes gegenüber dem Beklagten nicht berührt; fraglich war nur, wie sich die Rechtslage infolge des Todes des Ehemannes und seiner Beerbung durch die Klägerin gestaltet hatte. Grundsätzlich besteht, wenn ein Schaden durch mehrere Kraftfahrzeuge verursacht wird, ein Gemeinschaftsverhältnis zwischen den zum Ersatz verpflichteten Fahrzeughaltern, das Rechte und Pflichten erzeugt. Jeder Schuldner hat zu seinem Teil zur Befriedigung des Berechtigten mitzuwirken. Die Verpflichtung und ihr Umfang hängen zwar von den Umständen ab, doch tritt mit der Entstehung des Schadens selbst eine Rechtslage ein, die bei einem Streit im Rechtswege lediglich festgestellt, nicht geschaffen wird. Im vorliegenden Falle war auch der Ehemann der Klägerin nach den Feststellungen des Berufungsgerichts auf Grund unerlaubter Handlung zum Schadenersatz verpflichtet; diese Verpflichtung ging mit dem Erbfall auf die Klägerin über. Anderseits hatte die Klägerin schon mit dem Unfall einen Anspruch auf Schadenersatz erworben. Hienach bestand nicht etwa, wie bei zwei von vornherein gegeneinander Ausgleichspflichtigen, nur eine Forderung des Mehrberechtigten, die sich aus dem Unterschied der Ausgleichsbeträge ergab; vielmehr hatte die Klägerin, die zunächst nichts auszugleichen hatte, auch nach dem Tode ihres Mannes ihre Forderung behalten, und es fragte sich nur, ob eine Aufrechnung zwischen den beiden Forderungen möglich war. Diese Frage war zu verneinen, weil der von der Klägerin geltend gemachte Rentenanspruch der Pfändung nicht unterlag und darum auch eine Aufrechnung gegen ihn nicht stattfinden konnte. Wenn die Klägerin sich hierauf berief, handelte sie nicht arglistig; der Grundsatz, daß arglistig handelt, wer vom Schuldner beansprucht, was er diesem zurückzahlen muß, wird für die Fälle, in denen eine Aufrechnung nicht möglich ist, vom Gesetz gerade abgelehnt. (VI, 1. April 1939.)

Amtl. Sammlg. S. 148—153.

Vgl. Bd. 92 S. 143; JW. 1931 S. 1956.

31. Gastwirt. Haftung. Entlastungsbeweis. (BGB. §§ 242, 276, 328.) Eine Frau, die eine Wirtschaft betrieb, stellte einen zu dieser gehörigen Saal einem SA.-Sturm für eine Veranstaltung unentgeltlich zur Verfügung. In dem Saal befand sich eine Bühne; von einem Nebenraum, der zum Aufenthalt der an den Vorführungen beteiligten Personen diente, ging eine Tür in den Garten. Der Ausgang lag etwa 1 Meter über der Bodenfläche des Gartens. Zum Herabsteigen diente eine wegnehmbare Holztreppe; diese war damals weggenommen. Die Türe konnte nur durch Riegel abgeschlossen werden. Ein Mann, der an der Vorführung mitwirken sollte, kam bei dem Versuch, durch die offene Tür in den Garten zu gehen, zu Fall und verletzte sich schwer. Er klagte gegen die Eigentümerin der Wirtschaft auf Schadenersatz. In zwei Rechtszügen drang diese Klage durch. Das Reichsgericht wies sie ab. Das Rechtsverhältnis zwischen der Beklagten und dem SA.-Sturm beruhte auf einem Vertrag. Wenn auch ein Entgelt nicht verlangt wurde, rechnete die Beklagte doch mit Gewinn aus dem Verzehr der an der Veranstaltung beteiligten Gäste. Es handelte sich also um einen entgeltlichen Vertrag besonderer Art, der die Beklagte als Gastwirtin verpflichtete, für den fehlerlosen Zustand der überlassenen Räume zu sorgen und für den aus einer schuldhaften Verletzung dieser Sorgfaltspflicht entstehenden Schaden einzutreten. Daß die Ansprüche auf Schadenersatz jeder an der Veranstaltung beteiligten Person unmittelbar zustanden, entsprach dem Wesen des Vertrags. Für ihn galt auch der von der Rechtsprechung für ähnliche Vertragsverhältnisse (Beförderungsvertrag, Dienstvertrag, Werkvertrag, Gastaufnahmevertrag) wiederholt ausgesprochene Grundsatz, daß, wenn die Sachlage zunächst auf eine Verletzung der vertraglichen Sorgfaltspflicht schließen läßt, der auf Schadenersatz in Anspruch Genommene sich entlasten muß. Neben der vertraglichen Haftung hatte die Beklagte auf Grund der Tatsache einer Verkehrseröffnung in den überlassenen Räumen für deren Fehlerlosigkeit auch unter dem Gesichtspunkt der unerlaubten Handlung einzustehen; soweit der Kläger eine solche Haftung in Anspruch nahm, hatte er das Verschulden der Beklagten in vollem Umfang zu beweisen. Die Sorgfaltspflicht der Beklagten ging aber nicht so weit, daß sie den Gartenausgang gefahrlos hätte benutzbar machen oder seine Benutzung durch besondere Maßnahmen hätte verhindern müssen. Das Berufungsgericht hatte festgestellt, daß die Türe abgeriegelt worden war. Es bedeutete eine Überspannung der der Beklagten obliegenden Sorgfaltspflicht, weitergehende Maßnahmen von ihr zu fordern. Allerdings hat ein Gastwirt auch mit unverständigem Verhalten betrunkener oder angetrunkener Personen zu rechnen; daß diese besondere Vorsicht auch gegenüber den an der Vorführung beteiligten Personen geboten war, konnte nicht ohne weiteres angenommen werden. (VII, 4. April 1939.) Amtl. Sammlg. S. 153—157. Vgl. Bd. 148 S. 148; JW. 1935 S. 122; 1938 S. 2976.

32. Vaterschaftsklage. Blutgruppenuntersuchung. Anerkenntnis. Anfechtung. Widerruf. Wegfall des rechtlichen Grundes. Versagung des rechtlichen Gehörs. (BGB. §§ 123, 812, 1717, 1718; ZPO. §§ 136, 139, 141, 337, 548, 567.) Zu einem unehelichen Kinde wurde die Vaterschaft vor dem Vormundschaftsgericht anerkannt. Einige Monate später klagte der Vormund auf Zahlung des Unterhalts. Der Beklagte erklärte, er wolle seine Anerkennung des Kindes wegen arglistiger Täuschung anfechten, da die Kindsmutter ihm wahrheitswidrig erklärt habe, sie habe während der Empfängniszeit nur mit ihm geschlechtlich verkehrt. Er wurde entsprechend der Klage verurteilt; das Urteil erlangte die Rechtskraft. Wieder einige Monate später klagte er auf Feststellung, daß die Anerkennung der Vaterschaft unwirksam und er nicht der Vater des beklagten Kindes sei. In zwei Rechtszügen wurde die Klage abgewiesen. Das Reichsgericht verwies die Sache zurück. Die Anfechtung eines Vaterschaftsanerkenntnisses wegen arglistiger Täuschung ist zulässig; sie war auch rechtzeitig erfolgt. Das Berufungsgericht hatte aber den Nachweis vermißt, daß der Kläger durch unwahre Angaben der Kindsmutter zu dem Anerkenntnis bestimmt worden sei. Außerdem hatte aber der Kläger sich darauf berufen, daß er berechtigt sei, das Anerkenntnis wegen Wegfall des rechtlichen Grundes zurückzuverlangen (§ 812 BGB.). Er hatte das damit begründet: Der rechtliche Grund für die Anerkennung der Vaterschaft sei seine Überzeugung gewesen, daß er der Erzeuger des beklagten Kindes sei; dieser rechtliche Grund sei in Wegfall gekommen; er behaupte, es sei offenbar unmöglich, daß das Kind von ihm erzeugt sei; zum Beweise dieser Behauptung beantragte er die Anordnung einer Blutgruppenuntersuchung. Das Berufungsgericht hatte dem Kläger für den zweiten Rechtszug das Armenrecht bewilligt, es ihm aber nachträglich wegen Aussichtslosigkeit der Rechtsverfolgung wieder entzogen, da in einer großen Zahl von Fällen die Blutgruppenuntersuchung kein sicheres Ergebnis gehabt habe, und daß darum eine Klage, die sich nur auf Blutgruppenuntersuchung stütze, zwar nicht völlig aussichtslos sei, aber doch keine hinreichende Aussicht auf Erfolg habe. Gleichwohl ordnete das Berufungsgericht auf Antrag des Klägers die Blutgruppenuntersuchung an, machte aber die Ausführung des Beweisbeschlusses von der Zahlung eines Vorschusses abhängig. Wiederholten Eingaben des Klägers, worin er geltend machte, zur Zahlung des Vorschusses nicht in der Lage zu sein, und um Wiederverleihung des Armenrechts bat, wurde keine Folge gegeben. Im Urteil war ausgeführt, der Kläger habe den angeordneten Vorschuß nicht gezahlt und es dadurch dem Gericht unmöglich gemacht, den Beweisbeschluß auszuführen. Durch dieses Vorgehen wurde der Grundsatz der Gewährung erschöpfenden rechtlichen Gehörs verletzt. Der Beschluß, durch den dem Kläger das Armenrecht entzogen wurde, war allerdings unanfechtbar und der Nachprüfung des Revisionsgerichts entzogen; dagegen unterlagen dieser Nachprüfung die Folgerungen, die das Berufungsgericht aus der durch diesen Beschluß geschaffenen Prozeßlage für die Endentscheidung gezogen hatte. Die Behandlung der Sache durch das Berufungsgericht enthielt in sich einen Widerspruch. Wenn das Berufungsgericht die Blutgruppenuntersuchung nicht für ein verlässiges Beweismittel hielt, durfte es diese nicht durch einen Beweisbeschluß anordnen; es hätte die Klage mit der Begründung abweisen müssen, daß der Beweisantrag des Klägers unerheblich sei. Mit einer solchen Entscheidung hätte es sich allerdings in Widerspruch zu der Rechtsprechung des Reichsgerichts gesetzt, wonach alle zur Verfügung stehenden Erkenntnisquellen ausgenutzt werden müssen. Wenn das Berufungsgericht aber die Blutgruppenuntersuchung anordnete, durfte es die Entziehung des Armenrechts nicht aufrecht erhalten. Das Verfahren des Berufungsgerichts lief also auf eine Versagung des rechtlichen Gehörs hinaus. Im neuen Verfahren hatte das Berufungsgericht zunächst die Frage der Armenrechtsbewilligung nochmals zu prüfen und dann die vom Kläger für die Unmöglichkeit der Vaterschaft angebotenen Beweise zu erheben. Fiel die Beweiserhebung zugunsten des Klägers aus, so bestand kein Bedenken, dem Klageantrag stattzugeben. Das Anerkenntnis der Vaterschaft ist eine Leistung, die, wenn der rechtliche Grund wegfällt, zurückgefordert werden kann; der rechtliche Grund fällt aber weg, wenn sich herausstellt, daß der Anerkennende unmöglich der Vater des Kindes sein kann. Für den Antrag auf Feststellung, daß der Kläger nicht der Vater des beklagten Kindes sei, war zu erklären, ob ihm neben dem ersten Antrag eine selbständige Bedeutung zukam, ob es dem Kläger nur um die Unterlassung weiterer Vollstreckungen aus dem rechtskräftigen Urteil zu tun war oder ob er einen verneinenden Ausspruch hinsichtlich seiner blutmäßigen Vaterschaft erstrebte. Im ersten Falle hatte der Kläger sein Vorbringen entsprechend zu ergänzen, im zweiten Falle darzutun, aus welchen besonderen Gründen er ein rechtliches Interesse an dieser Feststellung hatte. (IV, 17. April 1939.)

Amtl. Sammlg. S. 157—162.

Vgl. Bd. 81 S. 321; Bd. 107 S. 175; Bd. 135 S. 219; Bd. 159 S. 58; JW. 1936 S. 2456; 1938 S. 1047.

33. Wettbewerb. Unterlassung. Schadenersatz. Rechtskraft. (ZPO. § 322.) Zwischen zwei Aktiengesellschaften bestand scharfer Wettbewerb. Auf die Klage der einen Gesellschaft wurde die andere verurteilt, gewisse Behauptungen zu unterlassen. Das Urteil wurde rechtskräftig. Mit der Begründung, daß die zweite Gesellschaft trotzdem solche Behauptungen aufstelle, klagte die erste Gesellschaft auf Schadenersatz. In zwei Rechtszügen drang die Klage durch. Das Reichsgericht verwies die Sache zurück. Das Berufungsgericht hatte Bedenken getragen, dem früheren Urteil Rechtskraftwirkung auch für das neue Verfahren beizulegen und darum erneut geprüft, ob die Behauptungen, auf Grund deren Schadenersatz verlangt wurde, unrichtig und unerlaubt waren. Das Reichsgericht erklärte das für richtig. Eine Verurteilung zur Unterlassung schafft keine Rechtskraft für einen Anspruch auf Schadenersatz. Die Vorschrift des § 322 ZPO. soll zur Wahrung der Rechtssicherheit verhüten, daß über eine aus einem bestimmten Sachverhalt hergeleitete Rechtsfolge im Verhältnis der Parteien oder ihrer Rechtsnachfolger zueinander anders entschieden wird, als dies im rechtskräftigen Urteil geschehen ist. Das damit ausgesprochene Verbot beschränkt sich auf die Rechtsfolge, die Gegenstand der früheren Entscheidung gewesen ist, und umfaßt die sie bedingenden tatsächlichen und rechtlichen Verhältnisse nur insoweit, als sie die Grundlage des erhobenen und durch das richterliche Erkenntnis beschiedenen Anspruchs bilden. Der zweite Richter ist durch die frühere Entscheidung gebunden, soweit durch sie eine bestimmte Rechtsfolge aus einem bestimmten Tatbestand bejaht oder verneint worden ist. Diese Rechtsfolge muß als solche den Gegenstand des späteren Rechtsstreits bilden, wenn sie Rechtskraftwirkung gegenüber dem späteren Anspruch äußern soll; dieser muß sich also entweder mit dem früheren Streitgegenstand decken oder ihn in der Weise zur Voraussetzung haben, daß er die früher ausgesprochene Rechtsfolge mitumfaßt und in sich einschließt. Ein solches Voraussetzungsverhältnis besteht zwischen dem Unterlassungsanspruch und dem Schadenersatzanspruch nicht. Der Entschädigungsanspruch kann gegeben sein, obwohl für ein Unterlassungsgebot, etwa wegen Fehlen einer Wiederholungsgefahr, kein Raum bleibt. Umgekehrt kann, wie etwa im Fall einer erst drohenden Beeinträchtigung, ein Verhalten als unerlaubt angesehen und untersagt werden, ohne daß mangels einer schon verwirklichten Rechtsverletzung ein Schadenersatzanspruch begründet ist. Das Vorliegen einer sachlichen Rechtswidrigkeit bedeutet hienach in beiden Fällen lediglich ein den Anspruch bedingendes Rechtsverhältnis, ohne daß seine Feststellung im Unterlassungsstreit zugleich auch eine Bindung für die Entscheidung über den Schadenersatzanspruch herbeiführen könnte. Die Gründe, aus denen das Urteil aufgehoben wurde, sind nicht veröffentlicht. (II, 15. März 1939.)

Amtl. Sammlg. S. 163—166.

Vgl. Bd. 49 S. 33; Bd. 121 S. 287; Bd. 125 S. 159; Bd. 130 S. 119; Bd. 136 S. 163; RAG. Bd. 8 S. 331.

34. Grenzüberbau. Notweg. Eigentümerdienstbarkeit. Ergänzende Vertragsauslegung. (BGB. §§ 93—96, 873, 889, 912—918, 846.) W. besaß vier Grundstücke, die längsseitig nebeneinander lagen. Das Grundstück 1 war ein Garten. Auf dem Grundstück 2 befand sich eine Fabrik. Das Grundstück 3 war ein schmaler Streifen, der vorwiegend als Zufahrt zu den Grundstücken 2 und 4 diente und zum größten Teil gepflastert war. Auf dem Grundstück 4 stand ein Wohnhaus; von der zu diesem führenden Treppe lagen die drei untersten Stufen auf dem Grundstück 3. Auf dem Grundstück 2 baute W. im Anschluß an die Fabrik einen Stall; dieser kam zum Teil auf das Grundstück 3 zu stehen. Die Grundstücke 1, 3, 4 stießen an die Straße; das Grundstück 2 war von dieser durch einen schmalen Streifen abgetrennt, der zum Grundstück 1 gehörte. Im Jahr 1927 kam das Grundstück 2 zur Zwangsversteigerung und wurde B. zugeschlagen. Die Grundstücke 1 und 3 veräußerte W. noch im gleichen Jahr zur Sicherheit für eine Schuld an K. Die Schuld wurde nicht beglichen; W. und K. kamen überein, daß K. Eigentümer der Grundstücke bleiben solle. Im Jahr 1929 veräußerte W. das Grundstück 4 an B. Mit der Fabrik nahm B. auch den an diese angebauten Stall in Besitz; das Grundstück 3 benutzte er ohne Zahlung einer Vergütung als Zufahrt zur Straße, wie das bisher W. als Eigentümer der Grundstücke 2 und 3 getan hatte. Im Jahr 1933 kam zwischen K. und B. ein Vergleich zustande, wonach K. dem B. das Grundstück 3 zu Eigentum übertrug. B. erweiterte das Stallgebäude und richtete in dem auf dem Grundstück 3 liegenden Teil ein Wohnhaus ein; der so umgestaltete Anbau bildete mit der Fabrik ein einheitliches Ganze. Da B. den Vergleich nicht erfüllte, trat K. davon zurück und erhob Klage auf Feststellung, daß das auf dem Grundstück 3 stehende Gebäude sein Eigentum sei, Verurteilung des Beklagten zur Räumung des Grundstücks 3, auch soweit Stufen der zum Grundstück 4 gehörigen Treppe sich darauf befanden, und zur Unterlassung jeder Benutzung dieses Grundstücks, außerdem zur Zahlung einer Entschädigung für die Benutzung des Grundstücks 3 in der Zeit vom 1. Juli 1927 an. B. beantragte Abweisung der Klage und Feststellung, daß er Eigentümer des auf dem Grundstück 3 stehenden Gebäudes sei, daß ihm auch ein Notwegrecht zum Grundstück 2 zustehe. Das Berufungsgericht stellte fest, daß das auf dem Grundstück 3 befindliche Gebäude Eigentum des Beklagten sei und daß er berechtigt sei, es auf dem Grundstück 3 stehen zu haben, daß er aber an den Kläger vom 1. April 1938 an eine Überbaurente von jährlich 2 RM. zu zahlen habe; es sprach weiter dem Beklagten ein Notwegrecht über das Grundstück 3 gegen Zahlung einer jährlichen Rente von 20 RM. zu. Die Revision des Klägers hatte hinsichtlich der auf den Überbau bezüglichen Entscheidung keinen Erfolg, führte aber im übrigen zur Aufhebung des Urteils. Das Eigentumsrecht des Klägers an dem auf dem Grundstück 3 stehenden Gebäude hatte das Berufungsgericht aus den §§ 93, 94 BGB. mit der Begründung hergeleitet, daß das ganze an die Fabrik angeschlossene Bauwerk schon von W. als einheitlicher, ohne Zerstörung seines Wertes nicht in mehrere Teile zerlegbarer Bau errichtet worden sei. Für die Zuerkennung des Rechts, das Gebäude, soweit es auf dem Grundstück 3 stand, dort zu belassen, hatte es in den sachenrechtlichen Vorschriften des Bürgerlichen Gesetzbuchs keine Rechtfertigung gefunden; es hatte angenommen, daß zwischen W. und K. eine Vereinbarung getroffen worden sei, wonach W. und der jeweilige Eigentümer des Grundstücks 2 das Recht haben sollten, den später zum Wohnhaus umgebauten Stall auf dem Grundstück 3 stehen zu haben; es sei undenkbar, daß W. mit der Sicherungsübereignung die wirtschaftliche Benutzung der Fabrik und ihrer Teile habe aus der Hand geben oder auch nur beeinträchtigen lassen wollen, und daran sei auch durch die spätere Übereinkunft, daß K. Eigentümer des Grundstücks 3 bleiben sollte, nichts geändert worden. Das Reichsgericht erklärte, daß für das Zustandekommen einer solchen Vereinbarung jeder Anhalt fehle; es widerspreche auch der Lebenserfahrung, daß Verträge dieses Inhalts stillschweigend geschlossen würden. Hienach wäre der Beklagte nicht für befugt zu erachten gewesen, das streitige Gebäude auf dem Grundstück 3 bestehen zu haben; mit der auf die §§ 93, 94 BGB. gestützten Feststellung, daß er der Eigentümer des Gebäudes sei, wäre ihm also wenig gedient gewesen. Ein solches Ergebnis war aber vom volkswirtschaftlichen Standpunkt aus unerwünscht. Die Allgemeinheit muß heute mehr als je Wert legen auf die Erhaltung hochwertiger Sachgüter und die Vermeidung einer unnützen Zerstörung wertvoller Sachverbindungen, die einen Bestandteil des Volksvermögens bilden. Das Reichsgericht hielt deshalb an seiner bisherigen Auffassung, daß die Vorschriften der §§ 912ff. BGB. auf Fälle der vorliegenden Art auch nicht sinngemäß anzuwenden seien, nicht mehr fest. Diese Vorschriften haben allerdings in erster Reihe den Fall im Auge, daß das Grundstück, von dem aus überbaut wird, einen anderen Eigentümer hat als das Grundstück, auf das der Überbau hinübergreift; die Annahme, daß das grunddienstbarkeitsartige Rechtsverhältnis aus widerspruchslosem Überbau begrifflich nur zwischen Nachbargrundstücken verschiedener Eigentümer entstehen könne, ist aber durch die Rechtsentwicklung überholt worden. Sie beruhte auf dem römisch-rechtlichen Grundsatz, daß niemand sich selbst eine Grunddienstbarkeit an eigener Sache bestellen könne (nemini res sua servit). Das Bürgerliche Gesetzbuch erkennt aber die Möglichkeit des Bestehens beschränkter Rechte an eigener Sache an (§§ 889, 1009, 1196 BGB.). Für die Errichtung einer Grunddienstbarkeit durch den Eigentümer zweier Grundstücke an dem einen zugunsten des anderen (Eigentümergrunddienstbarkeit) ist anzunehmen, daß in diesem Falle an die Stelle der sonst notwendigen Einigung zweier Personen die einseitige Erklärung des Eigentümers tritt. Wie im Regelfalle des Grenzüberbaus entsteht auch im eigenen Grenzüberbau einerseits das Duldungsrecht, das den übergebauten Gebäudeteil nicht zum wesentlichen Bestandteil des überbauten Grundstücks werden läßt, anderseits das Rentenzahlungsrecht, das zu dem Duldungsrecht in einem Bedingungsverhältnis steht, sofort mit der Errichtung des Überbaus, nicht erst mit dem Übergang der beiden Grundstücke in die Hand verschiedener Eigentümer, wenn auch bis dahin ein Ruhen der Rechte anzunehmen ist. Das streitige Gebäude war also wesentlicher Bestandteil des Grundstücks 2 geblieben, auf dem es zum größeren Teil stand und von dem aus es auf das Grundstück 3 hinübergriff. Mit dem Eigentum an dem Grundstück 2 ging es durch den Zuschlag in der Zwangsversteigerung von W. auf B über. Die für den Eigentümer des Grundstücks 3 begründete gesetzliche Pflicht, den Überbau auf diesem Grundstück zu dulden, bildete eine gesetzliche Eigentumsbeschränkung zugunsten des Grundstücks 2 mit einem einer Grunddienstbarkeit ähnlichen Inhalt. Das die Kehrseite dieser Beschränkung bildende Recht auf Zahlung einer Geldrente war als reallastähnliches Recht mit dem Eigentum an dem Grundstück 3 verbunden und wesentlicher Bestandteil dieses Grundstücks; es belastete somit als gesetzliche Eigentumsbeschränkung das Grundstück 2. Durch die Zwangsversteigerung des Grundstücks war es unberührt geblieben (§§ 52, 91 ZVG.). Der Erweiterungsbau bildete nach der Feststellung des Berufungsgerichts mit dem alten Überbau ein einheitliches, untrennbares Ganze; er stand also ebenfalls im Eigentum des Beklagten und war ebenfalls als Überbau zu behandeln. Das Berufungsgericht hatte dem Beklagten auch ein Notwegrecht auf dem Grundstück 3 zugebilligt. In der Zeit, da W. noch Eigentümer aller Grundstücke war, hatte der Verkehr vom Grundstück 2 zur Landstraße nur über das Grundstück 3 stattgefunden. Nachdem B. das Grundstück 2 erworben hatte, kam für ihn als Zugang zur Straße wohl auch vor allem das Grundstück 3 in Betracht, zumal dieses schon zu einem Geh- und Fahrweg ausgestaltet war. Möglich war aber auch ein Notweg über den Streifen des Grundstücks 1, der das Grundstück 2 von der Straße abtrennte. Die Tatsache, daß die Verbindung zur Straße bisher über das Grundstück 3 ging, bedeutete keine Notwendigkeit, den Notweg auf dieses Grundstück zu legen, auch kein Recht des Beklagten auf Beibehaltung des bisherigen Verbindungswegs. Für das Grundstück 4 konnte der Beklagte ein Notwegrecht über das Grundstück 3 schon deshalb nicht beanspruchen, weil das Grundstück 4 an die Straße anstieß. Auch hier hatte das Berufungsgericht eine stillschweigende Vereinbarung zwischen W. und K. bei der Überlassung des Grundstücks 3 an K. angenommen, wodurch W. sich und auch seinen Nachfolgern im Eigentum an dem Grundstück 4 das Recht sicherte, das Grundstück 3 nach wie vor als Zugang zu dem auf dem Grundstück 4 befindlichen Wohnhaus benutzen zu dürfen. Vereinbarungen solchen Inhalts greifen aber tief in das Nachbarverhältnis ein und sind für die Aufrechterhaltung des nachbarlichen Friedens von großer Bedeutung; sie werden daher in aller Regel ausdrücklich, selten nur mündlich, noch seltener stillschweigend getroffen. Weshalb W. und K. von einer ausdrücklichen Vereinbarung abgesehen haben sollten, war nicht ersichtlich. Die Vermutung sprach dafür, daß sie an den Zugang zum Grundstück 4 überhaupt nicht gedacht hatten. Dann bedeutete die Feststellung des Berufungsgerichts, daß sie diesen Punkt stillschweigend geregelt hätten, eine ergänzende Vertragsauslegung. Eine solche darf nur dazu dienen, eine Lücke im Vertrag auszufüllen, nicht aber den Gegenstand des Vertrags zu erweitern. Das wäre anzunehmen gewesen, wenn die Regelung zur Erreichung des Vertragszwecks notwendig gewesen wäre oder im Falle der Nichtregelung ein Vertragsteil einen ungebührlichen, ihm nicht zuzumutenden Nachteil erleiden würde. Die Erwägung allein, daß W. den größten Wert auf die Beibehaltung des bisherigen Zugangs legen mußte, weil andernfalls sein auf den Ausgang zum Grundstück 3 zugeschnittenes Wohnhaus in seinem Werte ganz erheblich verloren hätte, rechtfertigte eine ergänzende Vertragsauslegung nicht, weil dabei die Belange des Klägers nicht berücksichtigt waren, dessen Grundstück nicht unerheblich im Wert gemindert wurde, wenn es mit dem Zugangsrecht belastet blieb. Das Berufungsgericht hatte dem Beklagten auch das Recht zugesprochen, den gepflasterten Teil des Grundstücks 3 entlang der Vorderseite des Überbaus als Weg zu benutzen. Das mochte zweckmäßig sein, wenn ohnehin sein Notweg über das Grundstück 3 führte; auf das Recht des Überbaus ließ sich aber die Entscheidung nicht stützen. Der Überbauende hat in keinem Falle das Recht, vom Boden des Nachbars mehr Flächenraum in Anspruch zu nehmen, als das übergebaute Gebäude bedeckt. Der Beklagte konnte sich daher auch nicht darauf berufen, daß der Eingang zu den im Überbau befindlichen Wohnungen auf dem Grundstück 3 angelegt war; nötigenfalls mußte er den Eingang auf das Grundstück 2 verlegen. (V, 30. März 1939.) Amtl. Sammlg. S. 166—189. Vgl. Bd. 47 S. 356; Bd. 50 S. 241; Bd. 65 S. 361; Bd. 67 S. 30; Bd. 72 S. 269; Bd. 74 S. 201; Bd. 83 S. 142; Bd. 87 S. 211, 371; Bd. 130 S. 264; Bd. 136 S. 178; Bd. 137 S. 44; Bd. 142 S. 231; Bd. 158 S. 362; JW. 1914 S. 38; 1934 S. 282.

35. Ehescheidung. Aufhebung der häuslichen Gemeinschaft. (EheG. § 55.) Die Klage des Ehemanns auf Scheidung der Ehe wurde im ersten Rechtszug abgewiesen, weil die Parteien niemals in einer gemeinsamen Wohnung gelebt hatten, von einer

Aufhebung der ehelichen Gemeinschaft also nicht gesprochen werden könne. Diese Auffassung erklärte das Reichsgericht für unhaltbar. § 55 EheG. sieht als Voraussetzung der Scheidung vor, daß die häusliche Gemeinschaft seit drei Jahren aufgehoben ist, und weiter, daß infolge einer tiefgreifenden, unheilbaren Zerrüttung des ehelichen Verhältnisses die Wiederherstellung einer dem Wesen der Ehe entsprechenden Lebensgemeinschaft nicht zu erwarten ist. Der Aufhebung der häuslichen Gemeinschaft ist der Fall gleichzustellen, daß eine solche überhaupt nicht begründet worden ist. Die andere Auslegung müßte zu dem Ergebnis führen, daß die Ehegatten, um eine Scheidung ihrer zerrütteten Ehe herbeizuführen, zunächst die Gemeinschaft aufzunehmen, sie dann wieder aufzuheben und nach weiteren drei Jahren die Scheidung zu beantragen hätten. Ein solches Vorgehen kann das Gesetz vernünftigerweise den Ehegatten nicht zumuten. (IV, 4. Mai 1939.) Amtl. Sammlg. S. 189—190.

36. Ehescheidung. Rechtshängigkeit. (EheG. § 60; ZPO. § 616; Österr. ZPO. § 233.) Nachdem der Ehemann Klage auf Scheidung der Ehe wegen Verschulden der Frau bei einem deutschen Gericht erhoben hatte, klagte die Frau auf Scheidung der Ehe wegen Verschulden des Mannes bei einem österreichischen Gericht. Im zweiten Rechtszug wurde die Klage der Frau wegen Streitanhängigkeit abgewiesen. Der Revisionsrekurs der Frau hatte keinen Erfolg. Allerdings ist für die Streitanhängigkeit erforderlich, daß die Streitsache in beiden Sachen die gleiche ist. Die Klage des Mannes auf Scheidung der Ehe wegen Verschulden der Frau hatte ein anderes Ziel und stützte sich auf einen anderen Sachverhalt als die Klage der Frau auf Scheidung der Ehe wegen Verschulden des Mannes; das Urteil in der einen Sache hätte auch keine Rechtskraftwirkung für die andere gehabt. Wäre die Klage des Mannes abgewiesen worden, so wäre die Rechtskraft des Urteils der Klage der Frau nicht im Wege gestanden. Die beiden Klagen standen aber in einem sachlichen Zusammenhang. Eine einmal geschiedene Ehe kann nicht nochmals geschieden werden; im Scheidungsurteil muß auch über die Schuldfrage entschieden werden. Dieser Zusammenhang drängt dazu, das Verfahren über den Scheidungsanspruch der beklagten Partei mit jenem der Klage zu gemeinsamer Verhandlung und Urteilsschöpfung zu verbinden. Daher kennt das Gesetz als Form der Geltendmachung des Scheidungsanspruchs der beklagten Partei nach Erhebung der Scheidungsklage nur die Widerklage oder den Antrag, die Mitschuld des Klägers auszusprechen. (IV, 4. Mai 1939.) Amtl. Sammlg. S. 191—192.

37. Öffentlich-rechtliche Körperschaft. Amtshaftung. (RVerf. Art. 131; BGB. § 839; EinhG. vom 1. Dezember 1933.) Ein Sturmbann der SA. führte einen Gepäckmarsch aus. Ein Teilnehmer erkrankte und wurde nach Hause befördert. Der Sturmbannarzt, der den Marsch in eigenem Kraftwagen begleitet hatte, wollte nach dessen Beendigung den erkrankten Mann besuchen; da er dessen Wohnung nicht wußte, erhielt ein Scharführer die Weisung, ihn zu begleiten. Auf der Fahrt kam der Wagen ins Schleudern und überschlug sich; der Scharführer wurde getötet. Seine Witwe klagte gegen den Arzt auf Schadenersatz. Dieser machte geltend, er habe die Fahrt im Dienste der SA. ausgeführt; die Klägerin könne sich nur an die NSDAP. halten. Das Berufungsgericht wies die Klage ab. Nun trat die NSDAP. dem Streit bei und legte Revision ein. Diese hatte keinen Erfolg. Die Vorschrift des Art. 131 der Reichsverfassung, wonach die Verantwortlichkeit für eine Amtspflichtverletzung eines Beamten grundsätzlich den Staat oder die Körperschaft trifft, in deren Dienst der Beamte steht, hat noch volle Geltung, wenn auch die Reichsverfassung infolge des Umbruchs zum größten Teil außer Kraft getreten ist. Sie findet auch auf die NSDAP. Anwendung, da diese als Körperschaft des öffentlichen Rechts anerkannt ist. Allerdings hat sie insofern eine besondere Stellung, als sie ihre Hoheitsrechte nicht vom Staat ableitet und keiner staatlichen Aufsicht untersteht, sogar gegenüber dem Staat die Vormacht beansprucht („Nicht der Staat befiehlt uns, sondern wir befehlen dem Staat"). Die Revision vertrat mit Rücksicht hierauf die Auffassung, daß auf die NSDAP. nur solche Vorschriften angewandt werden könnten, deren Tatbestand zu setzen oder nicht zu setzen in ihrem freien Willen liege. Das Reichsgericht entschied aber, daß die Partei in ihrer Beteiligung am allgemeinen Rechtsverkehr nach außen, dritten Personen gegenüber, grundsätzlich den sonstigen Körperschaften des öffentlichen Rechts gleichsteht. Nur soweit die Eigenart ihrer Stellung die Anwendung von Gesetzesvorschriften auf sie verbietet, können Ausnahmen Platz greifen. Die Hoheitsgewalt der Partei ist von der des Staates nicht wesentlich verschieden; beide Gewalten leiten sich vom deutschen Volke ab und dienen dem gleichen Zweck, der Erhaltung und Förderung des deutschen Volkes. Der Tatbestand, der der Klage zugrunde lag, hatte keinerlei Beziehungen zur politischen und weltanschaulichen

Führung des deutschen Volkes durch die NSDAP.; es handelte sich nur um hoheitliche Maßnahmen einer Parteigliederung, die völlig unpolitischer Art waren. Die Entscheidungsgewalt der Partei und ihrer Gliederungen in ihren eigenen Angelegenheiten blieb durch das Verfahren unberührt. Daß die Partei für unerlaubte Handlungen ihrer Mitglieder auf dem Gebiete des bürgerlichen Rechts gleich anderen Körperschaften haftet, hatte die Revision nicht in Abrede gestellt. Demgemäß muß die Frage, ob jemand, der eine solche unerlaubte Handlung begangen hat, ein verfassungsmäßig bestellter Vertreter der Partei oder von ihr zu einer Verrichtung bestellt ist, durch die ordentlichen Gerichte entschieden werden. Davon ist dann die Frage, ob der Handelnde in Ausübung öffentlicher Gewalt eine ihm dritten Personen gegenüber obliegende Dienstpflicht verletzt hat, nicht wesensmäßig verschieden. Die Betrauung ihrer Angehörigen mit öffentlicher Gewalt ist Sache der Partei; die sich daraus nach außen ergebenden Wirkungen an der Hand der allgemeinen Gesetze zu prüfen, soweit nicht die politische Sonderstellung der Partei entgegensteht, ist Sache der staatlichen Gerichte. Die durch die politische Führungsausgabe bedingte Sonderstellung der Partei gegenüber den sonstigen Körperschaften des öffentlichen Rechts verbietet es allerdings, daß Maßnahmen der politischen Führung zur Grundlage einer Schadenersatzklage gemacht werden; bei aller sonstigen Ausübung hoheitlicher Gewalt seitens der Partei oder ihrer Gliederungen muß aber die Haftung der Partei jener anderer Körperschaften des öffentlichen Rechts gleichgeachtet werden. Die Annahme des Berufungsgerichts, daß die dienstliche Teilnahme des Beklagten als Sturmbannarztes sowohl bei dem Gepäckmarsch als auch bei dem Besuche des erkrankten SA.-Mannes in dem von ihm für den Dienst zur Verfügung gestellten eigenen Kraftwagen Ausübung der hoheitlichen Gewalt darstellte, war rechtlich nicht zu beanstanden. Daß der zur sportlichen Erziehung und Wehrhaftmachung der SA. angesetzte Gepäckmarsch Ausübung öffentlicher Gewalt war, konnte nicht zweifelhaft sein, ebensowenig, daß dem Beklagten in seiner Eigenschaft als Sturmbannarzt im Dienst ein Teil dieser öffentlichen Gewalt übertragen war. Bei der Ausübung solcher Gewalt war er dann ohne weiteres Beamter im Sinn der Reichsverfassung. Wer in Ausübung öffentlicher Gewalt einen Kraftwagen benutzt, hat jedem Verkehrsteilnehmer gegenüber, damit auch jedem Mitinsassen des Wagens gegenüber, die Amtspflicht, bei der Lenkung des Wagens unter Aufbietung der im Verkehr erforderlichen Sorgfalt jede Gefährdung der anderen Verkehrsteilnehmer zu vermeiden. Daß der Beklagte gegen diese Amtspflicht verstoßen und dadurch den Tod des Mannes der Klägerin herbeigeführt hatte, stand außer Streit. (III, 17. Februar 1939.) Amtl. Sammlg. S. 193—204. Vgl. Bd. 139 S. 149; Bd. 154 S. 144; Bd. 155 S. 186, Bd. 158 S. 83; RGSt. Bd. 69 S. 231; RGA. Bd. 18 S. 165; JW. 1938 S. 2757.

38. Forderungsabtretung. Treuhandverhältnis. Rechtsschutzbedürfnis. Revisionssumme. Klageänderung. Streitgehilfe. (ZPO. §§ 546, 557.) Gegenüber einer Klage wurde eine Widerklage erhoben mit der Begründung, der Kläger sei dem Beklagten gegenüber aus umfangreichen Kohlenkäufen wegen Nichtlieferung schadenersatzpflichtig geworden; der Schaden wurde auf 100000 RM. berechnet, wovon in der Widerklage zunächst 5000 RM. geltend gemacht wurden. Der Widerkläger hatte die Käufe in eigenem Namen, aber für Rechnung seines Dienstherrn abgeschlossen; dieser hatte ihm seine etwaigen Rechte aus den Käufen zu treuen Händen abgetreten, mit dem Abmaße, daß alle Zahlungen, soweit sie 3% der Forderung überstiegen, an die vom Dienstherrn bezeichnete Stelle zu entrichten seien. Demnächst trat der Dienstherr als Streitgehilfe dem Kläger bei; die Widerklagesumme wurde auf 100000 RM. erhöht. Das Landgericht gab der Klage statt; das Berufungsgericht wies sie ab. Sowohl der Widerkläger als der Streitgehilfe legten Revision ein. Aus den Erklärungen des Widerklägers und des Streitgehilfen ergab sich, daß der Widerkläger gegenüber seinem Dienstherrn einen Anspruch auf 3% des Umsatzes, den er auf 1 Million Reichsmark angab, zu haben behauptete. Der Widerklageantrag wurde hilfsweise dahin geändert, daß der Kläger verurteilt werden solle, zu Händen der näher bezeichneten Kasse des Streitgehilfen 30000 RM. und an den Streitgehilfen selbst 70000 RM. nebst Zinsen zu zahlen. Beide Revisionen wurden als unzulässig verworfen. Aus den Erklärungen des Widerklägers und des Streitgehilfen ergab sich, daß sie auf dem Standpunkt standen, die mit der Widerklage geltend gemachte Schadenersatzforderung sei nicht etwa für den Widerkläger, sondern für den Streitgehilfen entstanden, und daß dem Widerkläger nur 3% der Forderung als Provision zukommen sollten; nur aus Zweckmäßigkeitsgründen war die Forderung an den Widerkläger abgetreten worden. Diese Abtretung war weder als echte Abtretung (Vollabtretung) noch als treuhänderische Abtretung, ja nicht einmal als Abtretung zur Einziehung (Inkassozession) anzusehen; wie sich aus den Erklärungen des Widerklägers und des Streitgehilfen ergab, durfte und wollte der Widerkläger die Forderung überhaupt nicht selbst einziehen, sollte vielmehr jede Zahlung an den Streitgehilfen abliefern. Selbst wenn aber für den als Vergütung des Widerklägers anzusehenden Teil der Forderung eine Vollabtretung angenommen wurde, beschränkte sich die Sachbefugnis des Widerklägers auf 3000 RM. Mindestens darüber hinaus wollte der Widerkläger eine ihm in Wahrheit nicht abgetretene Forderung gegenüber dem Kläger nur deshalb geltend machen, weil ihm aus dem Beitreibungsergebnis eine Vergütung zukommen sollte. Die Höhe dieser Vergütung war von einer dem Streitgehilfen übergeordneten Stelle zu bestimmen. In der Verhandlung erklärten der Widerkläger und der Streitgehilfe, es werde nicht behauptet, daß dem Widerkläger von der Widerklagesumme mehr als 3000 RM. zukämen. Das Reichsgericht prüfte auf Grund dieses Vorbringens, ob dem Erfordernis der Revisionssumme genügt sei; es verneinte die Frage. Voraussetzung jeder Klage ist ein Rechtsschutzbedürfnis. Bei Leistungsklagen ergibt sich ein solches meist aus dem sachenrechtlichen Inhalt des Anspruchs von selbst. Es handelt sich dabei um eine echte Prozeßvoraussetzung; beim Mangel eines Rechtsschutzbedürfnisses ist die Klage als unzulässig abzuweisen. Das Vorhandensein des Rechtsschutzbedürfnisses ist in jeder Lage des Verfahrens von Amts wegen zu prüfen. Für den seine Provision übersteigenden Betrag konnte ein Rechtsschutzbedürfnis des Widerklägers dafür, daß er als Nichtberechtigter diese fremde Forderung in eigenem Namen, wenn auch mit Zustimmung — aber nicht auf Grund wirksamer Abtretung — einklagte, nur unter ganz besonderen Verhältnissen anerkannt werden. Ein solches Bedürfnis allgemein jedem zuzubilligen, der an dem Rechtsbestand und vielleicht an dem Beitreibungsergebnis des Anspruchs eines anderen gegen einen Dritten ein vermögenswertes Interesse hat, würde weit über das Ziel und den Rahmen dessen hinausgehen, was zur Wahrung der Rechte erforderlich ist, die dem beteiligten Nichtinhaber gegen den Inhaber des Anspruchs zustehen mögen. Die Abtretung eines Anspruchs an einen anderen zur Einziehung für und an den Abtretenden kann für sich allein von der Rechtsordnung jedenfalls nicht als Grundlage für ein Rechtsschutzbedürfnis anerkannt werden. Vom Standpunkt des Empfängers einer solchen Abtretung aus gesehen muß es sein Bewenden dabei haben, daß nur zwischen ihm und dem berechtigten Inhaber des Anspruchs, nicht aber zwischen ihm und dem Schuldner Rechtsbeziehungen bestehen; es muß ihm in aller Regel überlassen bleiben, aus diesen Rechtsbeziehungen Folgerungen zu ziehen, falls der Berechtigte unterläßt, seinen Anspruch gegen den Schuldner zu verfolgen. Jede andere Auffassung würde Undurchsichtigkeit und Unsicherheit in die sachlichen und verfahrensrechtlichen Beziehungen der am Rechtsleben Beteiligten tragen, was durchaus vermieden werden muß. Der Hilfsantrag des Revisionsklägers konnte nicht ins Gewicht fallen, da ein Parteiwechsel vor dem Revisionsgericht unzulässig ist, gleichviel, ob man darin eine Klageänderung oder die Erhebung einer neuen Klage erblickt. Mußte hienach die Rechtslage ausscheiden, die dem Hilfsantrag zugrunde lag, so wurde im übrigen die rechtliche Beurteilung entscheidend bestimmt durch das Erfordernis der Revisionssumme. Dieses Erfordernis betraf den Wert der Beschwerde, also den Wert dessen, was die angefochtene Entscheidung dem Revisionskläger versagte. Fehlt das Rechtsschutzbedürfnis für die Beseitigung einer solchen Beschwer, so fehlt es für das Rechtsmittel überhaupt. Nach den eigenen Angaben des Widerklägers war ein solches Bedürfnis nur für einen Betrag von 3000 RM. gegeben. Daran änderte die Tatsache nichts, daß der wahre Inhaber der Widerklageforderung, der Streitgehilfe, neben dem Widerkläger Revision eingelegt hatte; er war als Streitgehilfe nur an einem fremden Rechtsstreit beteiligt, unterstützte nur fremde Ansprüche und konnte nichts für sich erstreiten. Fehlt der von ihm unterstützten Partei das Rechtsschutzbedürfnis für die Beseitigung einer die Revisionssumme erreichenden Beschwer, so wurde dieses Fehlen nicht durch das Vorhandensein eines solchen Interesses beim Streitgehilfen ersetzt. (VII, 21. April 1939.)

Amtl. Sammlg. S. 204—216.

Vgl. Bd. 88 S. 267, Bd. 91 S. 390; Bd. 95 S. 273; Bd. 97 S. 85; Bd. 102 S. 290; Bd. 104 S. 368; Bd. 113 S. 246; Bd. 135 S. 33; Bd. 139 S. 227; Bd. 148 S. 146; Bd. 149 S. 31, 224; Bd. 155 S. 72; JW. 1908 S. 479; 1911 S. 459; 1932 S. 649.

39. Reichsnährstand. Gebühr. Rechtsweg. (RNährstG. §§ 3, 10; GartBauWirtschVO. §§ 1, 8.) Betriebe, die Gartenerzeugnisse anbauen und in Verkehr bringen, sind zu Gartenbauwirtschaftsverbänden zusammengefaßt. Zur Deckung ihrer Verwaltungskosten und sonstigen Aufwendungen können diese Gebühren erheben; diese werden auf Antrag von den Finanzämtern beigetrieben. Zufolge einer Anordnung des Verbandes Kurmark hatten alle zum Stadtkreis Großberlin gehörigen Erzeuger von Obst und Gemüse ihre Erzeugnisse, die sie an Wiederverkäufer abgeben wollten, an den Erzeugergroßmarkt Groß-Berlin abzuliefern; als Träger dieses Großmarkts wurde eine Genossenschaft bestellt. Auf Grund einer Anordnung des Verbandes berechnete diese Gebühren vom Verkaufserlös. Die Klage auf Zahlung solcher Gebühren wurde wegen Unzulässigkeit des Rechtswegs abgewiesen; Rechtsmittel hatten keinen Erfolg. Vor die ordentlichen Gerichte gehören der Regel nach nur bürgerliche Rechtsstreitigkeiten. Diese haben zur Voraussetzung, daß der verfolgte Anspruch privatrechtlicher Natur ist, sich also auf ein Rechtsverhältnis stützt, bei dem sich beide Parteien als gleichberechtigte Einzelpersonen gegenüberstehen. Das traf hier nicht zu. Die Klägerin verlangte Gebühren, die von einem öffentlich-rechtlichen Verband angeordnet und zur Deckung von Verwaltungskosten bestimmt waren, für deren Aufbringung sonach allein das öffentlich-rechtliche Unterwerfungsverhältnis des Beklagten entscheidend war. Daß die Klägerin als Genossenschaft die Stellung eines Kaufmanns im Sinne des Handelsgesetzbuchs hatte und als privatrechtliches Gebilde im privatrechtlichen Verkehr stand, änderte nichts daran, daß sie als Trägerin des Erzeugergroßmarktes Berlin sich auf dem Gebiete des öffentlichen Rechts betätigt hatte. (IV, 24. April 1939.)

Amtl. Sammlg. S. 216—220.

Vgl. Bd. 103 S. 56, 133; Bd. 104 S. 208; Bd. 156 S. 290; Bd. 157 S. 115.

40. Haftpflichtversicherung. Führerscheinklausel. (Vers.-VertrG. §§ 6, 32; ÖsterrVersVertrG. §§ 32, 120.) Für einen durch den Betrieb eines Kraftrades in Österreich entstandenen Schaden wurde Haftpflichtversicherung in Anspruch genommen. Die Versicherungsgesellschaft lehnte eine Entschädigung unter Berufung darauf ab, daß der Fahrer einen Führerschein nur für Kleinkrafträder gehabt habe. Das Landgericht wies die Klage ab. Das Berufungsgericht verwies die Sache zurück, da nach österreichischem Recht die Verletzung einer vom Versicherungsnehmer zu erfüllenden Obliegenheit den Versicherungsanspruch nicht ausschließt, wenn diese Verletzung für den Versicherungsfall nicht ursächlich war. Der Kläger hatte Beweis dafür angeboten, daß er nach dem Unfall einen behördlichen Führerschein für schwere Kraftfahrräder erhalten hatte und daß er die dafür erforderlichen Fähigkeiten schon zur Zeit des Unfalls besaß; für den Fall der Erbringung dieses Beweises hatte das Berufungsgericht

die Klage als begründet angesehen. Das Reichsgericht wies das Berufungsgericht an, in der Sache selbst zu entscheiden. Bei der Führerscheinklausel handelt es sich nicht um eine Obliegenheit, sondern um eine sachliche Begrenzung des Haftpflichtverhältnisses. Entscheidend ist nicht der Wortlaut, sondern der Sinn des Versicherungsvertrags; es kommt darauf an, ob hienach ein von dem Versicherungsnehmer zu beobachtendes Verhalten bedungen werden sollte oder ob der Versicherer gewisse Tatsachen von vornherein aus seiner Haftung ausschließen wollte. Die Vereinbarung, daß für einen Schaden, den ein Lenker ohne behördlichen Führerschein verursacht, nicht gehaftet werde, ist ihrem Wesen nach der Ausschluß eines Gefahrumstandes aus der Haftung. Für das Altreich war hieran schon bisher festgehalten worden; das Reichsgericht erklärte diese Auffassung auch für das österreichische Recht als maßgebend. Ein Fahren ohne Führerschein liegt allerdings nicht schon vor, wenn der Fahrer seinen Führerschein verloren oder zuhause gelassen hat. Dem Versicherer kann es nur darauf ankommen, daß der Lenker schon vor Antritt der Fahrt seine Fahrkunst und seine sonstige Verlässigkeit in zweifelsfreier Weise dargetan hat. Hiefür genügt das Bestehen der vorgeschriebenen Prüfung, auch wenn die Ausstellung des Führerscheins sich verzögert. Dagegen kann es dem Versicherungsnehmer nicht gestattet werden, erst nachträglich den Beweis zu erbringen, daß er die für die Erteilung des Führerscheins erforderlichen Fähigkeiten und Eigenschaften besaß. (VIII, 4. Mai 1939.) Amtl. Sammlg. S. 220—225.
Vgl. Bd. 158 S. 284; JW. 1933 S. 765.

41. Gesellschaft mit beschränkter Haftung. Abtretung von Geschäftsanteilen im Ausland. Form. (EGzBGB. § 11; GmbHG. § 15.) Von dem Stammkapital einer deutschen G. m. b. H. gehörte nahezu die Hälfte einer schweizerischen Aktiengesellschaft. Diese löste sich im Jahr 1931 auf; durch einen schriftlichen, in der Schweiz abgeschlossenen Vertrag überließ sie ihre Geschäftsanteile an der G. m. b. H. einer anderen Aktiengesellschaft. Diese wurde in den Mitgliederversammlungen der G. m. b. H. als Gesellschafterin behandelt. Erst im Jahr 1935 wurde ihr diese Eigenschaft bestritten, weil nach der Satzung der G. m. b. H. zur Veräußerung von Geschäftsanteilen die Genehmigung der Gesellschafter notwendig war, auch der schriftliche Abtretungsvertrag als ungenügend angesehen wurde. Um den zweiten Mangel zu beseitigen, wurde die im Jahr 1931 aufgelöste Aktiengesellschaft vorübergehend wieder in das Handelsregister eingetragen; sie trat die streitigen Geschäftsanteile durch notariellen Vertrag neuerdings an die andere Aktiengesellschaft ab und wurde dann wieder im Handelsregister gelöscht. Als für den Erwerb um die Genehmigung nachgesucht wurde, teilte die G. m. b. H. mit, daß andere Gesellschafter das ihnen nach der Satzung zustehende Vorkaufsrecht ausgeübt hätten. Die Aktiengesellschaft klagte auf Feststellung, daß sie mit den erworbenen Geschäftsanteilen Gesellschafterin der G. m. b. H. sei. In zwei Rechtszügen wurde die Klage abgewiesen. Das Reichsgericht verwies die Sache zurück. Nach deutschem Recht ist für die Abtretung von Geschäftsanteilen einer G. m. b. H. gerichtliche oder notarielle Beurkundung vorgeschrieben. Die Klägerin berief sich auf Art. 11 EGzBGB., wonach für die Form eines Rechtsgeschäfts die Beobachtung der Gesetze des Ortes genügt, an dem das Rechtsgeschäft vorgenommen wird. Diese Vorschrift konnte aber nicht zur Anwendung kommen, da das schweizerische Recht zur Zeit des Vertragsschlusses die G. m. b. H. oder eine ihr wesentlich gleiche Rechtsform nicht kannte. Daraus ergab sich nicht, daß für die Abtretung der Geschäftsanteile die für das schweizerische Recht im allgemeinen geltende Formfreiheit der Verträge Platz griff; vielmehr war anzunehmen, daß die Frage, ob das Rechtsgeschäft einer Form bedurfte, für diesen Fall im schweizerischen Recht nicht beantwortet war. Es sprach auch keineswegs eine Vermutung dafür, daß das Verlangen einer Form für die Abtretung von Geschäftsanteilen einer G. m. b. H. dem schweizerischen Recht zuwiderlief; als im Jahr 1936 diese Gesellschaft auch in der Schweiz zur Einführung kam, wurde für die Abtretung von Geschäftsanteilen öffentliche Beurkundung vorgeschrieben. Demgemäß war erst der im Jahr 1936 vor einem schweizerischen Notar abgeschlossene Abtretungsvertrag formgerecht. Zu seiner Wirksamkeit bedurfte es noch der Zustimmung der Gesellschafter. Diese war nach der Satzung durch eine Gesellschafterversammlung zu beschließen. Hiernach hatten nicht die einzelnen Gesellschafter über die Genehmigung zu befinden, sondern die Gesellschafterversammlung; die Erklärung der Genehmigung fiel also in den Geschäftsbereich der Geschäftsführer. Wenn diese die Genehmigung erklärt hatten, war das maßgebend, selbst wenn ein entsprechender Beschluß der Gesellschafterversammlung nicht zustande gekommen war. Eine ausdrückliche Erklärung der Genehmigung lag nicht vor; eine stillschweigende Genehmigung, die gleichfalls genügt hätte, war nicht nachgewiesen. Die Klägerin hatte eine solche darin finden wollen, daß die Geschäftsführer sie mehrere Jahre hindurch als Gesellschafterin anerkannt hatten. Allerdings hätte die Genehmigung auch schon vor dem Vertragsschluß erteilt werden können; die Geschäftsführer der G. m. b. H. beriefen sich aber darauf, daß sie die Klägerin als die Gesamtrechtsnachfolgerin der aufgelösten Aktiengesellschaft angesehen und deshalb eine Genehmigung der Abtretung der Geschäftsanteile nicht für notwendig gehalten hätten. Das Reichsgericht erklärte, daß schon nach allgemeinem Sprachgebrauch unter einer Veräußerung nur eine rechtsgeschäftliche Verfügung verstanden wird, durch die ein Recht zwecks Übertragung an einen anderen aufgegeben wird, was bei einer Gesamtrechtsnachfolge nicht zutrifft; daraus folgte aber nicht, daß nicht gleichwohl eine stillschweigende Genehmigung der Geschäftsführer vorliegen konnte, auch wenn diese irrtümlich eine Gesamtrechtsnachfolge annahmen. Der Erklärende muß auch stillschweigende Willenserklärungen in dem Sinne gegen sich gelten lassen, in dem sie von der anderen Seite nach Treu und Glauben und nach der allgemeinen Auffassung des Verkehrs verstanden werden können. Mit Unrecht hatte das Berufungsgericht es darauf abgestellt, ob die Geschäftsführer sich darüber klar waren, daß eine Genehmigung der Abtretung der Geschäftsanteile in Frage kam, und daß sie bis 1936 nicht das Bewußtsein gehabt hätten, infolge der Vorgänge von 1931 sei die Notwendigkeit einer solchen Genehmigung und zugleich die Möglichkeit der Ausübung eines Vorkaufsrechts, das für den Fall der Abtretung von Geschäftsanteilen an Nichtgesellschafter vorgesehen war, gegeben gewesen. Gerade mit Rücksicht darauf, daß der sachliche Inhalt einer Erklärung maßgebend ist und daß diese nach Treu und Glauben mit Rücksicht auf die Verkehrssitte ausgelegt werden muß, kann die Behandlung als Gesellschafter auch dann als stillschweigende Genehmigung der Abtretung zu werten sein, wenn der neue Gesellschafter seinerseits die näheren Umstände seines Rechtserwerbs der Gesellschaft dargelegt hat und annehmen kann, er werde von der Gesellschaft in richtiger Würdigung dieser bekannt gegebenen Vorgänge als Gesellschafter anerkannt. Wenn die Geschäftsführer nicht wußten, daß die Abtretung der Anteile der Genehmigung bedurfte und die Möglichkeit eines Vorkaufsrechts gegeben war, stand das einer wirksamen Genehmigung nur dann entgegen, wenn die Klägerin bei einer Treu und Glauben entsprechenden Auslegung des Verhaltens der Geschäftsführer nicht berechtigt war, darin ein Einverständnis mit den Abtretungen zu sehen. Darüber hinaus hätte

geprüft werden müssen, ob das Verhalten der Geschäftsführer der G. m. b. H. von der Klägerin nicht dahin verstanden werden konnte, daß die Klägerin ohne Prüfung, ob etwa Einwendungen gegen den Rechtsübergang erhoben werden konnten, als Gesellschafterin anerkannt werden sollte; dann wäre diese Folge auch eingetreten, wenn weder die Geschäftsführer und die Gesellschafter der G. m. b. H. noch auch die Klägerin eine Genehmigung der Abtretung für erforderlich gehalten hätten. (II, 22. März 1939.) Amtl. Sammlg. S. 225—235.
Vgl. Bd. 64 S. 149; Bd. 104 S. 413; Bd. 105 S. 152; Bd. 121 S. 154; Bd. 130 S. 39; JW. 1931 S. 572.

42. Ehescheidung. Außergewöhnliche Härte. (EheG. §§ 50, 54, 69, 78.) Gegen eine auf Zerrüttung der Ehe infolge geistiger Störung der Frau gestützte Scheidungsklage wurde von der Beklagten eingewendet, daß die Scheidung für sie eine außergewöhnliche Härte bedeuten würde. Die Ehe wurde ohne Schuldspruch geschieden. Die Frau war bei der Eheschließung schon 47 Jahre alt und um 4 Jahre älter als ihr Mann gewesen; die Ehe war kinderlos geblieben und infolge geistiger Störung der Frau so zerrüttet worden, daß die Wiederherstellung einer dem Wesen der Ehe entsprechenden Lebensgemeinschaft nicht erwartet werden konnte. Daß auch der Kläger, der durch die Beklagte dauernd aufs äußerste gereizt worden war, sich gelegentlich zu Schimpfworten hinreißen ließ, konnte ihm nicht als schwere Eheverfehlung angerechnet werden; selbst Mißhandlungen wären unter Umständen aus diesem Gesichtspunkt zu entschuldigen gewesen. Für die bei der Beklagten aufgetretene geistige Störung und ihre auf dieser beruhende Handlungsweise war nach der Feststellung des Berufungsgerichts das Verhalten des Klägers nicht ursächlich. Eine außergewöhnliche Härte, also eine Härte, die über die mit der Scheidung gewöhnlich verbundenen Härten hinausging, konnte im vorliegenden Fall nicht angenommen werden. Einen Ausgleich für die ihr durch die Scheidung erwachsenden wirtschaftlichen Nachteile sicherten ihr die §§ 69, 78 EheG., wonach der Kläger und nach dessen Tode seine Erben der Beklagten nach Maßgabe der Billigkeit Unterhalt zu gewähren hatten. Auf lange Dauer der Ehe als einen ihr besonders günstigen Umstand konnte sich die Beklagte nicht berufen, da sie bei der Eheschließung sich schon in vorgerücktem Alter befand; daß sie schon vorher mit ihrem Manne zeitweise zusammengelebt hatte, war dabei nicht zu berücksichtigen. Zugunsten des Klägers war zu berücksichtigen, daß ein weiteres

Zusammenleben mit der Beklagten bei der Art ihrer geistigen Erkrankung für ihn unerträglich war. Dem sittlichen Wesen der Ehe entspricht es zwar, daß sie nicht nur in guten, sondern auch in bösen Tagen durchzuhalten ist; der Gesetzgeber hat aber diesem Grundsatz von einem höheren Standpunkt aus mit Rücksicht auf die Belange der Volksgemeinschaft, der an der Aufrechterhaltung unheilbar zerrütteter Ehen nichts gelegen sein kann, bestimmte Grenzen gezogen. (IV, 24. April 1939.) Amtl. Sammlg. S. 236—241. Vgl. Bd. 159 S. 114.

43. Prozeßrechtliche Verträge. Ausschluß des Urkundenprozesses. (ZPO. §§ 592, 593, 596, 597.) In einem Vertrag wurde vereinbart, daß Klagen im Urkundenprozeß aus dem Vertrag nicht zulässig sein sollten. Eine gleichwohl im Urkundenprozeß erhobene Klage wurde als unstatthaft abgewiesen. Die Vereinbarung über den Ausschluß des Urkundenprozesses hatte zwar keine unmittelbare verfahrensrechtliche Wirkung; vielmehr stellte sie einen dem Privatrecht angehörigen schuldrechtlichen Vertrag vor, dessen Zweck sich darin erschöpfte, die Klägerin zu einem bestimmten prozeßrechtlichen Verhalten zu verpflichten. Ein solcher Vertrag ist zulässig wie jeder Vertrag, der die Verpflichtung zur Vornahme oder Unterlassung einer in das Belieben der Parteien gestellten Prozeßhandlung zum Gegenstand hat (Zurücknahme der Klage, Verzicht auf ein Rechtsmittel, Beschränkung der Beweisführung). Anders wären Verträge zu beurteilen, durch die zwingend vorgeschriebene Voraussetzungen der Prozeßführung geändert werden sollen, etwa ein Vertrag über die Verfolgung von Ansprüchen im Urkundenprozeß, obwohl die gesetzlichen Erfordernisse dafür nicht erfüllt sind. Indem das Gesetz den Urkundenprozeß zur Wahl des Klägers neben das ordentliche Verfahren gestellt hat, ist anerkannt, daß kein grundsätzliches Bedenken gegen die Zulassung einer Verpflichtung besteht, Rechtsschutz nur im ordentlichen Verfahren zu suchen. Die klagende Partei kann auch nach Belieben von dem Urkundenprozeß abstehen, solange der Rechtsstreit im ersten Rechtsgang anhängig ist; das spricht dafür, daß es nicht in der Absicht des Gesetzgebers gelegen hat, Vereinbarungen zu verbieten, die den Gläubiger vor dem Prozeßbeginn zur Abstandnahme von dem Urkundenprozeß verpflichten. Die Vereinbarung konnte gegenüber der abredewidrig erhobenen Klage durch Einrede mit dem Erfolg geltend gemacht werden, daß die Klage als in der gewählten Prozeßart unstatthaft abzuweisen war. (I, 4. April 1939.) Amtl. Sammlg. S. 241—246.

Vgl. Bd. 20 S. 398; Bd. 36 S. 409, 421; Bd. 70 S. 59; Bd. 96 S. 57; Bd. 102 S. 217; Bd. 104 S. 133; Bd. 142 S. 1; RAG. Bd. 13 S. 28; Bd. 16 S. 236; JW. 1930 S. 106.

44. Ehescheidung. Häusliche Gemeinschaft. (BGB. § 1568; EheG. § 55.) Ein Mann wurde am 12. April 1933 in Haft genommen und später zu einer Zuchthausstrafe von 8 Jahren und 9 Monaten verurteilt. Am 5. Mai 1933 gebar seine Ehefrau ein Kind. Sie behielt die bisherige Wohnung bis zum Jahr 1937 bei, stand auch während dieser Zeit in Briefwechsel mit ihrem Ehemann. Am 21. März 1938 gebar sie ein Kind, dessen Vater ihr Ehemann unstreitig nicht war. Sie klagte dann auf Scheidung wegen Zerrüttung des ehelichen Verhältnisses durch Verschulden des Mannes. Das Landgericht wies die Klage ab, weil die Klägerin ihrem Ehemann seine Straftaten und deren Folgen verziehen habe. Im zweiten Rechtsgang stützte die Klägerin ihren Scheidungsanspruch auf § 55 des inzwischen in Kraft getretenen Ehegesetzes. Das Berufungsgericht wies die Klage mit der Begründung ab, daß von einer Aufhebung der häuslichen Gemeinschaft nicht gesprochen werden könne; eine solche sei nach dem Sinn des Ehegesetzes nur anzunehmen, wenn die Ehegatten wegen eingetretener Entfremdung getrennt lebten, nicht aber schon dann, wenn die räumliche Trennung unfreiwillig sei wie im Fall einer Strafverbüßung oder Kriegsgefangenschaft. Das Reichsgericht verwies die Sache zurück. § 55 EheG. stellt zwei selbständige Tatbestandsmerkmale auf, die auseinanderzuhalten sind. Zunächst muß die häusliche Gemeinschaft der Ehegatten seit drei Jahren aufgehoben sein; außerdem darf infolge einer tiefgreifenden unheilbaren Zerrüttung des ehelichen Verhältnisses die Wiederherstellung einer dem Wesen der Ehe entsprechenden Lebensgemeinschaft nicht zu erwarten sein. Diese beiden Voraussetzungen müssen im Zeitpunkt des Schlusses der mündlichen Verhandlung vor dem Tatrichter erfüllt sein. Das erste Tatbestandsmerkmal ist allein darauf abgestellt, daß die Ehegatten räumlich getrennt sind; es ist gleichgültig, aus welchem Grunde es zur Trennung gekommen ist und ob im Zeitpunkt der Trennung schon eine Entfremdung bestanden hat. Denkbar ist, daß erst die Trennung der Ehegatten diese Entfremdung und schließlich die Zerrüttung des ehelichen Verhältnisses herbeigeführt oder wenigstens befördert hat. Die Annahme, daß die häusliche Gemeinschaft aufgegeben sei, wird daher auch nicht dadurch ausgeschlossen, daß zur Zeit der Trennung und späterhin kürzere oder längere Zeit hindurch noch ein geistiges Band zwischen den Ehegatten bestanden hat, wie es sich besonders darin äußern kann, daß sie miteinander in Briefwechsel stehen und die Absicht äußern, später die häusliche Gemeinschaft wieder aufzunehmen. Allerdings erfüllt nicht jede äußerliche Trennung der Ehegatten den Begriff einer Aufhebung der häuslichen Gemeinschaft, z. B. eine vorübergehende Trennung aus geschäftlichen, beruflichen, gesundheitlichen oder ähnlichen Gründen. Wohl aber ist mit der Trennung, die wider den Willen der Ehegatten dadurch herbeigeführt wird, daß der eine von ihnen auf voraussichtlich längere Zeit in Haft genommen wird, die Aufhebung der häuslichen Gemeinschaft verbunden. Der Fall einer Kriegsabwesenheit oder Kriegsgefangenschaft ist gegebenenfalls anders zu beurteilen. (IV, 27. April 1939.)

Amtl. Sammlg. S. 246—250.

Vgl. Bd. 53 S. 337; Bd. 128 S. 49; Bd. 159 S. 115; JW. 1936 S. 1192; 1938 S. 1599.

45. Ehescheidung. Herstellungsklage. Rechtsschutzbedürfnis. (BGB. §§ 1353, 1567.) Der Scheidungsklage der Frau stellte der Mann eine Widerklage auf Herstellung der häuslichen Gemeinschaft entgegen. Das Landgericht wies Klage und Widerklage ab. Die Klägerin legte Berufung ein und verfolgte ihr Scheidungsbegehren weiter. Der Beklagte beantragte Zurückweisung der Berufung, schloß sich der Berufung an, erhob neuerdings Widerklage auf Wiederherstellung der häuslichen Gemeinschaft und bat für den Fall, daß der Klage stattgegeben würde, die Klägerin für mitschuldig zu erklären. Das Berufungsgericht verwarf beide Berufungen und wies die Widerklage neuerdings ab. Das Reichsgericht verwies die Sache zurück. Die Gründe des Urteils sind nur soweit veröffentlicht, als sie sich mit der Widerklage befassen. Das Berufungsgericht hatte ausgeführt, daß die Herstellungsklage durch die Aufhebung des § 1567 BGB. im wesentlichen ihre Bedeutung verloren habe. Ob darnach für sie noch ein Rechtsschutzbedürfnis vorhanden sei, bedürfe besonders eingehender Prüfung. Ein solches werde zu bejahen sein in den Fällen, in denen es dem klagenden Ehegatten darauf ankomme, den anderen Teil besonders eindringlich auf seine Pflichten hinzuweisen und zu einem ehegemäßen Verhalten im Sinne der Herstellung zu veranlassen. Im vorliegenden Falle habe das Herstellungsverlangen des Mannes, wenn es auch äußerlich selbständig sei, sachlich doch nur die Bedeutung einer Verneinung des Klagebegehrens, die schon im Antrag auf Klagabweisung hinreichend zum Ausdruck komme.

Ob die Klägerin nach Abweisung ihrer Scheidungsklage die Fortsetzung der Ehe ernstlich verweigern werde, lasse sich noch nicht absehen. Hienach verneinte das Berufungsgericht das Vorliegen eines Rechtsschutzbedürfnisses für die Widerklage. Das Reichsgericht betonte zunächst, daß die Herstellungsklage auch nach neuem Recht trotz Aufhebung des § 1567 BGB. noch zulässig ist und daß grundsätzlich ein berechtigtes Interesse des klagenden Ehegatten an der Verurteilung des anderen zur Wiederherstellung der Gemeinschaft anzuerkennen ist. Die Ansicht des Berufungsgerichts, daß besondere Umstände im einzelnen Falle erst ein Rechtsschutzbedürfnis des auf Wiederherstellung klagenden Ehegatten begründen müßten, wurde abgelehnt. Das Herstellungsverlangen hat auch sachlich nicht nur die Bedeutung einer Verneinung des auf Scheidung gerichteten Klagebegehrens; das Gegenteil folgt ohne weiteres daraus, daß trotz der Abweisung der Scheidungsklage auch die Herstellungsklage unbegründet sein kann. (IV, 27. April 1939.)

Amtl. Sammlg. S. 250—252.

Vgl. Bd. 160 S. 112.

46. Schadenersatz. Übergang des Anspruchs auf den Dienstherrn. (DBeamtG. § 139.) Ein städtischer Beamter wurde durch einen Zusammenstoß des von ihm gelenkten Kraftrades mit einem Kraftwagen tödlich verletzt. Auf die Klage seiner Witwe gegen den Halter und Lenker des Kraftwagens wurden ihre Ansprüche zu zwei Dritteln dem Grunde nach für gerechtfertigt erklärt. Im Betragsverfahren wies das Berufungsgericht die Ansprüche der Klägerin ab, soweit sie sich auf Zubilligung einer Rente bezogen. Es ging davon aus, daß die Klägerin ein Witwengeld von 91 RM. bezog, und nahm an, daß im Falle der Teilung des Schadens wegen Mitverschulden des Verletzten die Leistungen der Gemeinde von dem Betrag, der nach der Teilung der Klägerin zustehen würde, voll abzuziehen seien; die zwei Drittel des der Klägerin durch den Wegfall der Unterhaltspflicht ihres Mannes erwachsenen Schadens waren nach der Berechnung des Berufungsgerichts geringer als der Betrag des Witwengeldes. Die Klägerin bat für die Revision um das Armenrecht. Es wurde ihr wegen Aussichtslosigkeit der Rechtsverfolgung verweigert. Der gesetzliche Schadenersatzanspruch der Klägerin war im Umfang ihrer Versorgungsbezüge auf die Stadt übergegangen. Dieser gesetzliche Schadenersatzanspruch war aber nicht gleich dem gesamten wirklichen Schaden der Klägerin, sondern er bestand nur in Höhe der zwei Drittel davon, die der Klägerin dem Grunde nach zugesprochen waren. In dieser Höhe war er nach der jetzigen Rechtslage als Anspruch der Klägerin entstanden (anders nach der früheren Rechtsprechung, nach der ein Schaden und demgemäß ein Ersatzanspruch nicht eintrat, soweit ein Anspruch auf Ruhegehalt oder Hinterbliebenenversorgung bestand). Dieser für die Klägerin entstandene Anspruch war auf die Stadt übergegangen und damit war insoweit die Klageberechtigung der Klägerin entfallen, als der Umfang der Versorgungsbezüge reichte. Die Bestimmung, daß der Übergang des Anspruchs nicht zum Nachteil des Versorgungsberechtigten geltend gemacht werden kann, hat nur die Bedeutung, daß die Gemeinde zurückzutreten hat, wenn und soweit der Schädiger nicht in der Lage ist, den Geschädigten und die Gemeinde zu befriedigen. Eine Auslegung des Satzes dahin, daß die Einführung des Anspruchsübergangs den Versorgungsberechtigten nicht schlechter stellen dürfe als er nach der bisherigen Rechtslehre und Rechtsprechung stand, würde dazu führen, daß ein Schaden nur in der Höhe des Unterschieds zwischen der wirklichen Beeinträchtigung und den Versorgungsbezügen bestände und die Verteilung auf zwei Drittel und ein Drittel an diesem Unterschiedsbetrage vorzunehmen wäre. Eine solche Auslegung erklärte das Reichsgericht für unmöglich, da das Beamtengesetz in seiner neuen Fassung gerade der bisherigen Rechtsprechung die Grundlage entziehen wollte. (VI, 6. Mai 1939.)

Amtl. Sammlg. S. 253—255.

47. Beerdigungskosten. Grabstätte. (BGB. §§ 844, 1968.) Die Witwe eines Mannes, der durch fremdes Verschulden sein Leben verloren hatte, klagte gegen den Urheber des Todes auf Schadenersatz; unter anderem verlangte sie eine Rente für die Kosten der Grabunterhaltung. Das Berufungsgericht sprach sie ihr zu; das Reichsgericht erklärte das Verlangen für unberechtigt. Unter den Kosten der Beerdigung, deren Ersatz verlangt werden kann, ist nur der Aufwand für eine standesgemäße Bestattung zu verstehen, die mit der Herrichtung einer zur Dauereinrichtung bestimmten und geeigneten Grabstätte ihren Abschluß findet. Die Kosten ihrer Instandhaltung gehören nicht mehr zu den Kosten der Beerdigung. Zur Aufwendung dieser Kosten ist auch der Erbe gegenüber dem Erblasser rechtlich nicht verpflichtet; insoweit kommt nur eine sittliche Pflicht in Frage. (VI, 13. Mai 1939.)

Amtl. Sammlg. S. 255—256.
Vgl. Bd. 139 S. 393.

48. Gesellschaft mit beschränkter Haftung. Einmanngesellschaft. Vereinbarung über deren Sitz. Dauerverpflichtung. Kündigung. Knebelung. Unzulässige Rechtsausübung. Wegfall der Geschäftsgrundlage. (GmbHG. § 47; BGB. §§ 128, 242, 283, 723; ZPO. §§ 888, 893, 894.) Im Jahr 1935 wurde eine Aktiengesellschaft zur Vorbereitung eines Walfangunternehmens gegründet. Sie hatte ihren Sitz in W.; je die Hälfte des Grundkapitals übernahmen die Hafenstädte B. und W. Im Dezember 1935 kam mit einer G. m. b. H. in H. ein Abkommen zustande, wonach dieser der gesamte Aktienbesitz übertragen wurde; sie verpflichtete sich dafür, ein Unternehmen zum Zweck des Walfangs in W. zu gründen und Sitz und Betrieb dieses Unternehmens nicht an einen anderen Platz zu verlegen. Die Aktiengesellschaft wurde aufgelöst und an ihre Stelle eine G. m. b. H. mit dem Namen „Erste deutsche Walfanggesellschaft" (EDWG.) gegründet; als ihr Sitz wurde in der Satzung W., als ihr Zweck die Fortführung des Geschäftsbetriebes der aufgelösten Aktiengesellschaft angegeben. Die sämtlichen Geschäftsanteile übernahm die Gründungsgesellschaft. Die für die neue Gesellschaft erbauten Schiffe wurden in das Schiffsregister in W. eingetragen; der kaufmännische und technische Betrieb wurde aber von H. aus geleitet. Die Stadt W. klagte gegen die Gründungsgesellschaft mit dem Antrag, sie zu verurteilen, bei Meidung einer vom Gericht festzusetzenden Strafe das von ihr ins Leben gerufene Walfangunternehmen in W. zu betreiben, dort ein kaufmännisches Büro zu errichten, W. zum Heimathafen ihrer Schiffe zu machen und Landanlagen, soweit sie solche in eigener Verwaltung betreiben wollte, in W. einzurichten. Die beklagte G. m. b. H. bestritt, hiezu durch das getroffene Abkommen verpflichtet zu sein; jedenfalls könne sie nicht zu einer rechtlich nur durch die EDWG. ausführbaren Handlung verurteilt werden; das Verlangen der Klägerin sei auch für die EDWG. unausführbar, da der Hafen von W. nicht die erforderliche Tiefe für die Schiffe und keine Anlagen für das Löschen von Walöl habe. Das Berufungsgericht wies die Klage ab. Die Revision der Klägerin führte zur Zurückverweisung der Sache. Das Reichsgericht erklärte eine Verurteilung der Beklagten im Sinne der Klage in Übereinstimmung mit dem Berufungsgericht für verfahrensrechtlich zulässig. Die EDWG. war eine Einmanngesellschaft, da alle ihre Geschäftsanteile der Beklagten gehörten. Wenn von dem Einmanngesellschafter die Herbeiführung einer Leistung der ihm allein unterstehenden G. m. b. H. verlangt wird, liegt die Sache anders, als wenn ein Gesellschafter zur Erfüllung der Abstimmungspflicht aus einem Stimmrechtsbindungsvertrag verurteilt werden soll. Die Leistungsklage auf Erfüllung einer solchen Abstimmungspflicht hat das Reichsgericht in ständiger Rechtsprechung für unzulässig erklärt, weil ein Erfüllungszwang (§§ 887, 888, 894 ZPO.) mit den Vorschriften über die Willensbildung der Gesellschafterversammlung unvereinbar ist. Im vorliegenden Fall handelt es sich aber nicht um eine Verurteilung zur Abgabe einer bestimmten Abstimmungserklärung, sondern um die Herbeiführung eines bestimmten Erfolges, gleichviel, auf welchem Wege dieser erreicht wurde. Die beklagte Gesellschaft hatte sich zu der Leistung, die von ihr verlangt wurde, ohne Rücksicht auf ihre Stellung als Gesellschafterin der EDWG. verpflichtet; es hatte ihr freigestanden, ob sie das Walfangunternehmen als eine unselbständige Abteilung ihrer Betriebe oder in der Form einer G. m. b. H. aufziehen wollte. Die Zulässigkeit der Verurteilung war auch nicht dadurch bedingt, daß ihr die Erfüllung möglich war; nur wenn die Unmöglichkeit der Erfüllung schon feststände, wäre die Verurteilung ausgeschlossen. Das hatte die Beklagte selbst nicht behauptet; wohl aber kam in Frage, ob der Beklagten die Erfüllung zugemutet werden konnte. Das Berufungsgericht hatte diese Frage verneint, weil es sich bei der Vereinbarung um eine einseitige Ausnutzung der zu gründenden Gesellschaft lediglich zum Vorteil der Klägerin gehandelt habe, von der sich die Beklagte als ungültig lossagen dürfe. Das Reichsgericht nahm an, daß damit das Berufungsgericht einen nach § 138 BGB. ungültigen Knebelungsvertrag als gegeben ansah. Hiefür fand es die festgestellten Tatsachen nicht ausreichend. Es war schon unrichtig, für die Frage der Knebelung die Beklagte und die EDWG. einander gleichzustellen. Wenn der Beklagten auch alle Geschäftsanteile der EDWG. gehörten, war sie doch, auch wirtschaftlich, von dieser verschieden; sie wurde daher von einer Beschränkung der wirtschaftlichen Freiheit der EDWG. in weit geringerem Maße betroffen, als diese selbst. Da aber die Beklagte die alleinige Vertragsgegnerin war, kam es für die Beurteilung der Übermäßigkeit der Bindung allein darauf an, welche Wirkungen diese für sie selbst hatte. Die Beklagte hatte sich durch den Vertrag lediglich gewissen Beschränkungen in der Freizügigkeit des von ihr zu errichtenden Walfangunternehmens unterworfen. Dabei gingen beide Teile davon aus, daß die Einhaltung der übernommenen Verpflichtungen der Beklagten keine wesentlichen Nachteile bringen werde. Etwaige Bedenken, die sich für Maß und Dauer der Bindung ergeben konnten, ließen sich gerade dann, wenn beiderseits damit nicht gerechnet wurde, im Wege der Vertragsauslegung beheben (§§ 157, 242 BGB.). Auf die Unzumutbarkeit der Erfüllung konnte es nur im Rahmen der Grundsätze ankommen, die in der Rechtsprechung über den Wegfall der Geschäftsgrundlage entwickelt worden sind. In dieser Hinsicht ist zu unterscheiden, ob die Geschäftsgrundlage von vornherein nicht vorhanden war oder ob nachträglich Umstände eingetreten sind, welche die Erfüllung als nach Treu und Glauben nicht mehr zumutbar erscheinen lassen. Daneben besteht die dritte Möglichkeit, daß nur ein Teil der Grundlage von vornherein nicht vorhanden war und ein anderer Teil erst später weggefallen ist, mit dem Erfolg, daß nunmehr wegen Zusammentreffen dieser verschiedenartigen Umstände die Erfüllung nicht mehr zugemutet werden kann. Besteht die Erfüllung, wie im vorliegenden Falle, aus einer Mehrheit von Handlungen, so bedarf die Frage der Zumutbarkeit im Hinblick auf jede der verschiedenartigen Handlungen einer besonderen Prüfung. In allen diesen Beziehungen hatte das Berufungsgericht keine hinreichend klaren Feststellungen getroffen; die für die Beurteilung des Sachverhalts wichtigste Frage, ob der Tiefgang der Schiffe die Benutzung der Hafenanlagen und Schleusen in W. überhaupt zuließ, hatte es sogar offen gelassen. Es hatte auch nicht klargestellt, von welchen tatsächlichen, für die Eingehung der Verpflichtung wesentlichen Voraussetzungen die Parteien bei Abschluß des Vertrages ausgegangen waren. Es hielt ferner nicht scharf genug auseinander, inwieweit diese Voraussetzungen von vornherein nicht vorhanden waren, und inwieweit sie nachträglich weggefallen waren. Den Gesichtspunkt der clausula rebus sic stantibus ließ es ausdrücklich unentschieden. Hatten sich die Verhältnisse erst allmählich dadurch, daß die Beklagte den Geschäftsbetrieb zunächst einmal in H. eingerichtet hatte, in dem Sinne entwickelt, daß eine nunmehrige Verlegung des Unternehmens der EDWG. und auf diese Weise unmittelbar auch der Beklagten Nachteile bringen würde, so war nicht bedeutungslos, ob zu diesem Ergebnis Handlungen und Unterlassungen der Beklagten beigetragen hatten, die ihr als Verschulden anzurechnen waren. Es bedurfte einer ins Einzelne gehenden Untersuchung, was nach Treu und Glauben damit gemeint war, als vereinbart wurde, daß das Unternehmen in W. betrieben werden sollte, und inwieweit die Vornahme der einzelnen Handlungen wegen Wegfall der Geschäftsgrundlage der Beklagten nicht zugemutet werden konnten. Dabei war davon auszugehen, daß zur Wahrung der Rechtssicherheit Verträge soweit als möglich einzuhalten sind, und daß nur wirklich schwerwiegende Gründe ein Abgehen von diesem Grundsatz rechtfertigen. Ein Festhalten am Vertrage würde nach ständiger Rechtsprechung insbesondere dann gegen Treu und Glauben verstoßen, wenn infolge des Irrtums beider Parteien über das Bestehen einer sachlichen Geschäftsgrundlage ein Mißverhältnis zwischen Leistung und Gegenleistung eingetreten war. Auch volkswirtschaftliche Gesichtspunkte waren in diesem Zusammenhang heranzuziehen. Soweit die Gefahr bestand, daß die Erfüllung der von der Beklagten übernommenen Verpflichtung eine wesentliche Schädigung der deutschen Volkswirtschaft und des deutschen Ansehens zur Folge haben würde, müßten die gemeindlichen Belange der Klägerin demgegenüber zurücktreten; dem Verlangen der Erfüllung würde der Einwand unzulässiger Rechtsausübung entgegenstehen. Hilfsweise hatte das Berufungsgericht seine Entscheidung auch noch auf die Erwägung gestützt, daß die Beziehungen zwischen der Klägerin und der Beklagten einen gesellschaftsähnlichen Einschlag zeigten; derartige Verhältnisse könnten nach § 723 BGB. jederzeit gekündigt werden. Das Reichsgericht trat dieser Auffassung nicht bei. Es kommt häufig vor, daß eine Stadt einem Wirtschaftsunternehmen für den Fall der Sitzverlegung eine Förderung in der Erwartung in Aussicht stellt, schon durch die Anwesenheit des Unternehmens einen Ausgleich zu erhalten. Solche Zusagen pflegen nicht Gegenstand bürgerlichrechtlicher Verträge zu sein; daher läßt sich aus ihnen nicht die Annahme eines gesellschaftsähnlichen Verhältnisses herleiten. Es handelte sich um einen gegenseitigen Vertrag, bei dem den einmaligen Leistungen der Klägerin unter anderem eine Dauerleistung der Beklagten gegenüberstand. Eine derartige einseitige Dauerverpflichtung findet ihre zeitliche Begrenzung entweder im Wege der Vertragsauslegung (§ 157 BGB.) oder durch den Wegfall der Geschäftsgrundlage (§ 242 BGB.). Vertragsverhältnisse von längerer Dauer, die ein vertrauensvolles persönliches Zusammenarbeiten der Beteiligten und daher ein gutes Einvernehmen zwischen ihnen fordern, können aus wichtigem Grunde jederzeit gekündigt werden, wenn die Durchführung des Vertrags gefährdet und dem Kündigenden nicht mehr zuzumuten ist. Bei einseitigen Dauerverpflichtungen kommt als wichtiger Grund nur der Wegfall der Geschäftsgrundlage in Betracht und zwar auch nur

insoweit, als dadurch die Erfüllung unzumutbar geworden ist.
(II, 5. April 1939.) Amtl. Sammlg. S. 257—270.
Vgl. Bd. 54 S. 28; Bd. 107 S. 18; Bd. 112 S. 273, 333; Bd. 119 S. 386; Bd. 130 S. 144; Bd. 131 S. 94; Bd. 133 S. 90; Bd. 150 S. 199, 321; JW. 1934 S. 27; 1937 S. 3226; 1938 S. 1188, 2135.

49. Eheaufhebung. (EheG. § 37.) Eine deutschblütige Frau, die im Jahr 1916 in Wien einen Juden geheiratet hatte, klagte nach dem Inkrafttreten des Ehegesetzes auf Aufhebung der Ehe mit der Begründung, daß sie bei richtiger Würdigung der rassischen Verschiedenheiten die Ehe nicht eingegangen hätte. Der beklagte Ehemann war mit der Aufhebung einverstanden. Das Landgericht wies die Klage ab. Das Berufungsgericht hob das Urteil auf, weil die Klägerin im Berufungsverfahren behauptet hatte, der Kläger sei unfähig zum Geschlechtsverkehr; hierüber hielt es eine Beweisaufnahme für nötig. Die Klägerin brachte Rekurs ein mit der Begründung, daß die Sache spruchreif sei. Sie hatte keinen Erfolg. Die Aufhebung einer Ehe nach § 37 EheG. setzt einen Irrtum oder eine Ungewißheit des klagenden Ehegatten über Umstände voraus, die persönliche Eigenschaften des anderen Ehegatten oder allgemein dessen Person betreffen; von diesen Umständen muß der klagende Ehegatte zur Zeit der Eheschließung keine oder eine unrichtige Vorstellung gehabt haben. Die Klägerin wußte zur Zeit der Eheschließung, daß ihr Mann Jude war; sie behauptete nur, über die Folgen und Auswirkungen dieser Rassenverschiedenheit eine unrichtige Vorstellung gehabt zu haben. Das Berufungsgericht hatte hiezu ausgeführt, die Klägerin strebe die Aufhebung der Ehe nicht aus Gründen an, die bei Eingehung der Ehe bestanden und in der Person des Beklagten begründet waren, sondern auf Grund einer durch den Umbruch in Österreich bei ihr nach ihrer Behauptung hervorgerufenen Änderung der Weltanschauung und der Einstellung zur Rassenfrage. Das erklärte das Reichsgericht für unrichtig; die Rassenverschiedenheit in ihrer Bedeutung für die Gestaltung der Ehegemeinschaft bestand schon bei Eingehung der Ehe, sie betraf auch die Person des Beklagten; die spätere Unterweisung hatte nur die Wirkung, daß die Klägerin die Unrichtigkeit ihrer bisherigen Beurteilung dieser Umstände erkannte. Die Sache war gleichwohl nicht spruchreif. Für den Irrtum der Klägerin lagen nur ihre Behauptungen vor, mit deren Richtigkeit oder Unrichtigkeit sich die Gerichte bisher nicht befaßt hatten. Der Beklagte hatte dem Vorbringen der Klägerin allerdings nicht widersprochen; deshalb allein konnten aber die Behauptungen nicht als richtig angenommen werden. Die Behauptungen der Klägerin bedurften also einer erschöpfenden Erörterung, die zweckmäßig durch das Landgericht vorzunehmen war. Sofern sich im Verfahren ergab, daß der Anspruch auf Aufhebung der Ehe wegen Irrtums der Klägerin über die Bedeutung der Rassenverschiedenheit nicht bestand, bedurfte es noch der Prüfung des von der Klägerin geltend gemachten Aufhebungsgrundes des Irrtums über die körperliche Unfähigkeit des Beklagten. (IV, 4. Mai 1939.)

Amtl. Sammlg. S. 270—273.

50. Ehescheidung. Bösliche Verlassung. (EheG. § 49; BGB. §§ 1353, 1567.) Im Februar 1936 erhob die Frau Scheidungsklage gegen ihren Mann, von dem sie sich Ende Dezember 1935 getrennt hatte. Das Berufungsgericht wies die Klage ab; das Urteil wurde rechtskräftig. Trotz wiederholter Aufforderung des Ehemanns stellte die Frau die häusliche Gemeinschaft nicht mehr her. Im Februar 1938 erhob sie neue Scheidungsklage und begründete sie damit, daß der Beklagte ehewidrige Beziehungen zu einer Frau angeknüpft habe. Der Beklagte gab das zu und erhob Widerklage auf Scheidung der Ehe wegen Verschulden der Klägerin. In zwei Rechtszügen wurde der Klage stattgegeben und die Widerklage abgewiesen. Das Reichsgericht schied die Ehe auch auf die Widerklage hin. Diese war mit der Behauptung begründet worden, die Klägerin habe sich einer schweren Eheverfehlung schuldig gemacht, indem sie die eheliche Gemeinschaft nach Abweisung der Scheidungsklage nicht wiederhergestellt habe. Nach früherem Recht reichte das zur Stütze der Widerklage nicht aus, da nach diesem Scheidungsklage wegen böslicher Verlassung nur erhoben werden konnte, wenn ein rechtskräftiges Urteil auf Wiederherstellung der ehelichen Gemeinschaft nicht befolgt worden war. Nach dem Ehegesetz ist eine solche Verurteilung nicht mehr notwendig; es genügt, daß die Verweigerung der Wiederherstellung eine schwere Eheverfehlung darstellt und daß durch sie die Ehe so tief zerrüttet wird, daß die Neubegründung einer ihrem Wesen entsprechenden Lebensgemeinschaft nicht erwartet werden kann. Nach § 1353 BGB. war die Klägerin zur Herstellung der ehelichen Lebensgemeinschaft mit dem Beklagten verpflichtet, wenn sein Verlangen keinen Mißbrauch seines Rechts darstellte, sie auch ihrerseits kein Recht zu einer Scheidungsklage hatte. Nachdem die Scheidungsklage rechtskräftig abgewiesen war, bestand für die Klägerin alsbald die Pflicht zur Herstellung der Lebensgemeinschaft. Ob sie das Urteil für richtig hielt, war völlig unerheblich. Sie durfte an ihrer Auffassung von den zurückliegenden Vorgängen nicht mehr festhalten, sondern hatte sich der Wertung dieser Tatsachen zu unterwerfen, die sie durch die rechtskräftige Entscheidung gefunden hatten. Der Ausgang des Rechtsstreits hatte erwiesen, daß sie zu Unrecht Scheidung verlangt hatte; der von ihr begonnene und durchgeführte Rechtsstreit stellte also eine ungerechtfertigte Störung der Ehe dar. Diese Erkenntnis hätte sie veranlassen müssen, ohne jedes Zögern durch Rückkehr zum Beklagten alles zur Beseitigung der Folgen des Rechtsstreits zu tun, was in ihren Kräften lag. Daß nach früherem Recht ihre Weigerung noch keinen Ehescheidungsgrund abgab, konnte die darin liegende Verfehlung weder ausschließen noch mildern. Erst von dem Zeitpunkt an, da ihr Mann seinerseits sich eine zur Scheidung ausreichende Ehewidrigkeit zuschulden kommen ließ, war ihre Weigerung nicht mehr unberechtigt. Es war auch nicht von der Hand zu weisen, daß ihr Verhalten für die Verfehlung ihres Mannes Anstoß oder Gelegenheit gab. (IV, 22. Mai 1939.)

Amtl. Sammlg. S. 273—280.

Vgl. Bd. 159 S. 353.

51. Ehescheidung. Häusliche Gemeinschaft. Widerklage. (EheG. §§ 49, 55.) Die Parteien hatten im Jahr 1920 die Ehe geschlossen und lebten bis zum April 1933 zusammen. Um diese Zeit erhielt der Ehemann eine Anstellung, die eine Verlegung seines Wohnsitzes und eine Trennung der Ehegatten zur Folge hatte; sie standen aber in brieflichem Verkehr miteinander und verbrachten im Sommer 1936 gemeinschaftlich ihren Urlaub. Zu Weihnachten 1936 besuchte die Frau ihren Mann; bei dieser Gelegenheit kam es auch zu ehelichem Verkehr. Seit Januar 1937 lebten die Parteien endgültig getrennt. Im Januar 1938 erhob die Frau Scheidungsklage mit der Begründung, daß der Beklagte in ehewidrige Beziehungen zu einer anderen Frau getreten sei. Der Beklagte beantragte Abweisung der Klage und erhob Widerklage mit dem Antrag, die Klägerin zur Wiederherstellung der ehelichen Gemeinschaft zu verurteilen. Später verlangte er ebenfalls Scheidung der Ehe und hielt den Antrag auf Wiederherstellung der ehelichen Gemeinschaft nur hilfsweise aufrecht. Das Landgericht wies die beiden Scheidungsklagen ab und verurteilte die Klägerin zur Wiederherstellung der ehelichen Gemeinschaft. Beide Teile legten Berufung ein. Der Beklagte erklärte, den Antrag auf Wiederherstellung der ehelichen Gemeinschaft nicht mehr stellen zu wollen. Nachdem das Ehegesetz in Kraft getreten war, stützten beide Parteien ihre Scheidungsanträge auf § 49, hilfsweise auf § 55 dieses Gesetzes. Das Berufungsgericht wies die Klage wie die Widerklage ab. Das Reichsgericht gab beiden Klagen statt. Eheverfehlungen, die eine Scheidung aus § 49 EheG. gerechtfertigt hätten, waren nicht nachgewiesen. Die Voraussetzungen der Scheidung nach § 55 EheG. hatte das Berufungsgericht gleichfalls nicht für nachgewiesen erachtet, weil es fand, daß die häusliche Gemeinschaft der Ehegatten nicht seit drei Jahren aufgehoben gewesen sei. Hierbei war übersehen, daß die häusliche Gemeinschaft unter Umständen auch bei Fortbestehen der ehelichen Lebensgemeinschaft aufgehoben sein kann. Demgemäß war eine Aufhebung der häuslichen Gemeinschaft schon im April 1933 eingetreten. Daß die Parteien im Jahr 1936 den Urlaub gemeinsam verlebt hatten, und daß die Frau ihren Mann zu Weihnachten 1936 besucht hatte, bedeutete keine Wiederherstellung der häuslichen Gemeinschaft; in beiden Fällen lag nur ein von vornherein zeitlich beschränktes Zusammensein vor. Daß eine unheilbare Zerrüttung des ehelichen Verhältnisses gegeben war, hatte das Berufungsgericht festgestellt. In Frage kam noch, ob gegenüber einer auf § 55 EheG. gestützten Scheidungsklage eine auf die gleiche Vorschrift gestützte Widerklage zulässig ist. Das Reichsgericht bejahte die Frage. Nachdem § 55 EheG. jedem Ehegatten das Recht gibt, Scheidung zu begehren, kann dieses Recht dem einen Ehegatten nicht dadurch verloren gehen, daß ihm der andere mit der Erhebung der Klage zuvorkommt. § 69 EheG. steht nicht entgegen. Wenn dort vorgeschrieben ist, daß in den Fällen, in denen eine Ehe auf Grund des § 55 EheG. ohne Schuldausspruch geschieden wird, der Ehegatte, der Scheidung verlangt hat, dem anderen Teil im Rahmen der Billigkeit Unterhalt gewähren muß, ist dabei ersichtlich nur an den Regelfall gedacht, daß die Scheidung nur auf die Klage eines Ehegatten hin erfolgt. (IV, 22. Mai 1939.)

Amtl. Sammlg. S. 280—285.

Vgl. Bd. 159 S. 115; Bd. 160 S. 31, 246.

52. Fischereirecht. Ersitzung. (PrFischG. §§ 8, 11, 20.) Für eine Fabrik war im zuständigen Wasserbuch eiu Fischereirecht eingetragen; die Ausübung hatte sie verpachtet. Eine Fischerinnung, für die ebenfalls ein Fischereirecht eingetragen war, klagte auf Feststellung, daß die Fabrik nicht berechtigt sei, die Ausübung ihres Rechts an andere Personen als Mitglieder der Fischerinnung zu verpachten. In allen Rechtszügen wurde die Klage abgewiesen. Für das Bestehen des Rechts der Beklagten sprachen zwei Vermutungen: die Eintragung des Rechts im Wasserbuch und die dreißigjährige, vor dem 1. Mai 1914 liegende Ausübung des Rechts (§ 8 Abs. 2 FischG.). Die Klägerin wies demgegenüber darauf hin, daß die Beklagte das Fischereirecht vor dem 1. Mai 1914 nur an sie oder ihre Mitglieder verpachtet habe, und folgerte daraus, daß ihr Recht nicht weiter reiche. Die auf dreißigjähriger Ausübung beruhende Vermutung des Bestehens eines Fischereirechts gilt nach § 8 Abs. 2 FischG. für eingeschränkte Rechte; als solche sind im § 20 FischG. Rechte bezeichnet, die auf Hegen oder Nähren nur einzelner Fische oder auf die Benutzung bestimmter Fangmittel beschränkt sind, desgleichen Fischereirechte auf Zeit oder für den häuslichen Gebrauch; dagegen ist ein Fischereirecht, das nur durch Verpachtung an eine Fischerinnung ausgeübt werden darf, kein eingeschränktes Fischereirecht in diesem Sinne. Die Vermutung sprach auch nicht, wie die Klägerin hilfsweise ausführte, nur für ein Fischereirecht mit der Beschränkung, daß es nur durch Verpachtung an sie oder ihre Mitglieder ausgeübt werden dürfte. Regelmäßig kann allerdings, wer sich auf Ersitzung beruft, kein größeres Recht in Anspruch nehmen, als er bisher ausgeübt hat. Die Vermutung des § 8 Abs. 2 FischG. kann aber nur für ein unbeschränktes Fischereirecht sprechen; eine Einschränkung, jedenfalls eine solche, welche die Ausübung betrifft, kennt sie nicht. Vorausgesetzt ist nur die dreißigjährige Ausübung des Fischereirechts aus eigenem Recht vor dem 1. Mai 1914; die Art der Ausübung während dieser Zeit ist unerheblich. Die Klägerin leitete ihr Recht aus einem alten Privileg ab und wollte daraus ein ausschließliches Recht folgern. Der Beweis des Bestehens eines ausschließlichen Rechts, sofern es nicht wegen Nichtanmeldung zum Wasserbuch untergegangen war, ließ aber immer noch die Möglichkeit der Entstehung des Rechts der Beklagten durch Aufspaltung in Fischereigerechtigkeiten oder durch Ersitzung offen. (VII, 23. Mai 1939.)

Amtl. Sammlg. S. 285—290.

53. Unlauterer Wettbewerb. Wirtschaftlicher Verkehr. (TschechoslG. vom 15. Juli 1927 gegen den unlauteren Wettbewerb; UnlWG. § 1.) In einer Zeitschrift war vor Einkäufen in den marxistischen Konsumvereinen gewarnt, da diese Bollwerke der Sozialdemokratie seien und die selbständigen Gewerbetreibenden zum Verschwinden bringen wollten. Die Klage des Verbandes deutscher Wirtschaftsgenossenschaften auf Unter-

lassung drang vor dem Berufungsgericht Prag durch; das Reichsgericht wies sie ab. Als eine Körperschaft, die nach ihrer Satzung zur Wahrung der wirtschaftlichen Belange ihrer Mitglieder berufen ist, war der klagende Verband zur Vertretung der Sache befugt. Der Aufsatz enthielt aber keinen Angriff auf die Geschäftsführung der Konsumvereine auf wirtschaftlichem Gebiet, sondern nur Angriffe politischer Art. Solche Angriffe können nicht als Handlungen im wirtschaftlichen Verkehr angesehen werden, wenn auch der politische Kampf wirtschaftliche Auswirkungen haben kann und in der Regel hat. Unter wirtschaftlichem Verkehr ist aber nur der geschäftliche Verkehr zu verstehen. Die Klage war also unbegründet. (VIII, 1. Juni 1939.)
Amtl. Sammlg. S. 291—293.

54. Blutmäßige Abstammung. Feststellung. Entsprechende Anwendung. Unzulässige Rechtsausübung. (ZPO. §§ 256, 640, 644.) Die Klage eines unehelichen Kindes auf Anerkennung der Vaterschaft und Zahlung von Unterhalt drang durch, obwohl die Mutter des Kindes während der Empfängniszeit außer mit dem Beklagten auch noch mit einem anderen Manne geschlechtlich verkehrt hatte; auf Grund des ärztlichen Gutachtens war festgestellt worden, daß das Kind nach seinem Reifegrad aus dem Verkehr mit diesem Manne nicht stammen konnte. Das Urteil erlangte die Rechtskraft. Nun klagte der damalige Beklagte auf Feststellung, daß das Kind nicht von ihm stamme. In zwei Rechtszügen wurde nach Einholung von Blutgruppenprüfungen der Klage stattgegeben. Das Reichsgericht verwies die Sache zurück. Nach der bisherigen Rechtsprechung des Reichsgerichts hätte die Klage abgewiesen werden müssen, weil dem Kläger das nach § 256 ZPO. erforderliche rechtliche Interesse an der begehrten Feststellung fehlte. Ein auf eine Feststellungsklage ergehendes Urteil ist in seinen Wirkungen auf die Parteien beschränkt; es hat keine Bedeutung für das Personenstandsrecht; das auf sie ergehende Urteil kann also der Bedeutung der Abstammung, wie sie durch die nationalsozialistische Weltanschauung erst geschaffen oder doch dem Volke zum Bewußtsein gekommen ist, nicht genügen. Die Anwendung der §§ 640—643 ZPO. auf eine solche Klage hat das Reichsgericht bisher abgelehnt. Nunmehr hat es seine bisherige Einstellung geändert. Grundsätzlich dürfen Verfahrensvorschriften nur auf Fälle angewandt werden, für die sie bestimmt sind. Das kann aber nur gelten, soweit für ein Verfahren wirklich Vorschriften im Gesetz enthalten sind. Fehlen solche, so besteht für die Rechtsprechung die

Aufgabe, eine im Gesetz aufgefundene Lücke auszufüllen, also zu ermitteln, welches Verfahren das Gesetz für anwendbar erklärt hätte, wenn zur Zeit seiner Erlassung für eine solche Feststellungsklage eine Regelung beabsichtigt gewesen wäre. Aus der Fassung der §§ 640—643 ZPO. kann nicht geschlossen werden, daß man eine solche Feststellungsklage ausschließen wollte; man hat ihr nur keine Regelung gegeben, weil bei der Schaffung dieser Vorschriften ein Interesse an ihr nicht bestand. Nachdem die blutmäßige Abstammung für Rechte so große Bedeutung gewonnen hat und deshalb auch eine sie betreffende Feststellungsklage zugelassen werden mußte, zeigte sich, daß die Zivilprozeßordnung für deren Durchführung keine unmittelbar anwendbaren Vorschriften enthält; jene des gewöhnlichen Verfahrens sind dazu unzureichend, weil sie der Feststellungsklage die rechtliche Bedeutung nehmen, die allein dem neu entstandenen Bedürfnis gerecht werden kann. Die Lücke kann nur durch eine entsprechende Anwendung des in den §§ 640ff. ZPO. geregelten Verfahrens ausgefüllt werden. Nach der neuen Rechtsauffassung und mit Rücksicht auf verschiedene gesetzliche Vorschriften der Gegenwart hat die blutmäßige Abstammung des einzelnen eine nicht auf ihn beschränkte, sondern für das Volksganze wesentliche Bedeutung. Aus diesem Grunde ist sie nicht geringer zu bewerten als das Eltern- und Kindesverhältnis des bürgerlichen Rechts. Daraus ergibt sich die Notwendigkeit, die Klage auf Feststellung des Bestehens oder Nichtbestehens der blutmäßigen Abstammung in das sogenannte Statusverfahren zu verweisen. Dadurch wird die Mitwirkung der Staatsanwaltschaft ermöglicht, die Wirkung eines Anerkenntnisses beseitigt, die Erledigung des Rechtsstreits durch ein Versäumnisverfahren eingeschränkt; ferner gilt nicht der Verhandlungsgrundsatz, sondern der Ermittlungsgrundsatz (§ 622 ZPO.). Mit der Feststellungsklage kann eine Klage anderer Art, insbesondere eine solche auf Unterhalt, nicht verbunden werden. Die Urteilswirkung ergibt sich aus § 643 ZPO.; es gilt auch der einschränkende zweite Satz dieser Vorschrift. Ein rechtliches Interesse an der Feststellung ist zwar erforderlich, aber, soweit nicht besondere Umstände des Einzelfalles entgegenstehen, regelmäßig zu bejahen. Bei der grundlegenden Bedeutung der blutmäßigen Abstammung auf dem Gebiete des öffentlichen Rechts, insbesondere auch der erbgesundheitlichen und erbbiologischen Vorschriften, können jederzeit wichtige Umstände eintreten, für die das Urteil klärende Wirkung hat. Dadurch, daß auf Rechtskraft oder Vertrag beruhende Bindungen gegenüber einer bestimmten Person bestehen, wird das Interesse an der Feststellung mit Wirkung für und gegen alle nicht ausgeschlossen. Wie sich ein im Statusverfahren ergehendes Urteil auf ein Unterhaltsurteil auswirken kann, das auf einer abweichenden Feststellung beruht, wurde nicht erörtert; das Reichsgericht verwies auf die Rechtsprechung über die mißbräuchliche Ausnutzung der Rechtskraft. (IV, 15. Juni 1939.)

Amtl. Sammlg. S. 293—300.
Vgl. Bd. 159 S. 58; JW. 1938 S. 245.

55. Eheaufhebung. Geistige Störung. Außergewöhnliche Härte. (EheG. §§ 37, 49, 50, 54.) Bei einer Frau traten, nachdem sie acht Jahre lang in glücklicher Ehe gelebt und zwei Kinder geboren hatte, Gemütsverstimmungen mit Selbstmordabsichten ein, die als geistige Störung angesehen werden mußten. Der Ehemann focht im Jahr 1936 die Ehe wegen Irrtum an. Nachdem das Landgericht die Klage abgewiesen hatte, legte er Berufung ein und beantragte mit Rücksicht auf die eingetretene Rechtsänderung die Aufhebung der Ehe, hilfsweise deren Scheidung aus Alleinverschulden der Beklagten. Die Beklagte erhob Widerklage auf Scheidung der Ehe aus Verschulden des Klägers. Das Berufungsgericht wies die Klage und die Widerklage ab. Das Reichsgericht verwies auf die Revision beider Teile die Sache zurück. Nach dem Ergebnis der Beweisaufnahme hatte die Beklagte in ihrer Kindheit eine Kinderlähmung durchgemacht, als deren Folge bei ihr eine gesteigerte Geneigtheit zu Krankheiten (Reaktionsbereitschaft) bestehen blieb. Im Jahr 1919 traten, wahrscheinlich infolge beruflicher Überanstrengung, Gemütsverstimmungen bei ihr auf, die aber rasch heilten. Während der Ehe war sie gesund gewesen; die Erkrankung war durch äußerliche Umstände (Erkrankung eines Kindes, Stellenwechsel und Versetzung des Ehemanns) ausgelöst worden. Das Berufungsgericht hatte mit Rücksicht hierauf einen für die Aufhebung der Ehe ausreichenden Irrtum des Klägers (§ 37 EheG.) nicht für nachgewiesen erachtet. Das Reichsgericht erklärte diese Annahme für bedenklich. Ereignisse, wie sie der Erkrankung der Beklagten zugrunde lagen, bleiben kaum in irgendeiner Ehe aus. Wenn die Beklagte von ihnen derartig aus dem Gleichgewicht gebracht wurde, daß daraus sogar eine Geisteskrankheit entstand, mußte geprüft werden, ob nicht doch bei der Beklagten die krankhafte Anlage für eine solche Entwicklung schon vor der Verehelichung in solchem Maße bestand, daß dieser Umstand für den Entschluß zur Eheschließung als wesentlich angesehen werden mußte. Ob die Krankheit zur Zeit der letzten Verhandlung geheilt war, machte nichts aus; die Beklagte besaß nach wie vor die Anlage, die bei neuen Ereignissen zum wiederholten Ausbruch einer Geisteskrankheit führen konnte. Die Aufhebung der Ehe wäre gleichwohl mit Recht abgelehnt worden, wenn sie sittlich nicht gerechtfertigt gewesen wäre. Die Prüfung dieser Frage war mit Rücksicht auf die bisherige Gestaltung der Ehe vorzunehmen. Das Berufungsgericht hatte als entscheidend angesehen, daß die Ehe acht Jahre lang glücklich war und daß die Beklagte zwei Kinder geboren hatte. Es hätte aber auch geprüft werden müssen, ob nicht doch auch andere Umstände es für den Kläger geboten erscheinen lassen konnten, dieser Ehe ein Ende zu machen; dazu gehörte besonders die Neigung der Beklagten zu Selbstmordversuchen, ganz besonders aber die Tatsache, daß die Beklagte auch beabsichtigt hatte, ihre Kinder zu töten. Das auf § 49 EheG. gestützte Scheidungsverlangen des Klägers hatte das Berufungsgericht nicht durchgreifen lassen, weil die Beklagte für ein ehewidriges Verhalten wegen ihrer Geisteskrankheit nicht für verantwortlich angesehen wurde; auch die Scheidung aus § 50 EheG. hatte es abgelehnt, weil das Verhalten der Beklagten mit Rücksicht auf ihre Krankheit milder zu beurteilen sei und darum eine Zerrüttung der Ehe nicht angenommen werden könne. Das erklärte das Reichsgericht für rechtsirrig. Wenn das Gesetz neben der Scheidung wegen einer verschuldeten Eheverfehlung (§ 49 EheG.) die Scheidung ohne Verschulden wegen geistiger Erkrankung (§ 50 EheG.) zuläßt, dann darf der zweite Tatbestand nur rein sachlich nach der Richtung geprüft werden, ob das Verhalten des anderen Ehegatten, wenn er dafür verantwortlich wäre, eine Eheverfehlung darstellen würde; es geht nicht an, das Vorliegen dieses Tatbestandes wegen der geistigen Störung zu verneinen oder auch nur ihretwegen das Verhalten milder zu beurteilen. Das Berufungsgericht hatte weiter ausgeführt, daß die Scheidung für die Beklagte eine unbillige Härte bedeuten würde. Ob das der Fall war, mußte nach der Dauer der Ehe, dem Alter der Ehegatten, dem Anlaß der Erkrankung beurteilt werden. Es muß sich um eine Härte handeln, die über die mit einer Scheidung gewöhnlich verbundene Härte hinausgeht. Die ungünstigen Einwirkungen, die nach sachverständigem Gutachten der Rechtsstreit selbst auf die Gesundheit der Beklagten geübt hatte, mußten außer Betracht bleiben, da sie nicht als Folgen der Scheidung erschienen. Ebensowenig konnte berücksichtigt werden, daß der Stellenwechsel des Klägers und seine Versetzung zu dem Ausbruch der Krankheit beigetragen hatte. Ob die Scheidung der Ehe die Gefahr eines neuen Krankheitsausbruchs begründete, hätte besonders eingehender Prüfung bedurft, zumal die Beklagte selbst Widerklage auf Scheidung der Ehe erhoben hatte. Die Gründe, die dazu führten, auch der Revision der Beklagten stattzugeben, sind nicht veröffentlicht. (IV, 19. Juni 1939.) Amtl. Sammlg. S. 300—307.

Vgl. Bd. 160 S. 236.

56. Berufungsbegründung. Fristverlängerung. (ZPO. §§ 329, 519). Am letzten Tage der Frist für die Begründung der Berufung ging beim Gericht ein nicht unterzeichneter Antrag des Anwalts des Beklagten mit der Bitte um Verlängerung der Frist ein. Der Vorsitzende gab dem Antrage statt; die Verfügung wurde dem Anwalt am folgenden Tage zugestellt. Die Berufungsbegründung wurde rechtzeitig eingereicht. Die Berufung wurde als unzulässig verworfen mit der Begründung, der Verlängerungsantrag sei nicht unterzeichnet gewesen, die Verlängerungsverfügung also unzulässig gewesen; die Verfügung sei auch dem Anwalt erst nach Ablauf der Frist zugestellt worden, habe also keine Wirkung mehr erlangen können. Die Beschwerde hatte Erfolg. Der Antrag auf Verlängerung der Berufungsfrist war allerdings ein bestimmender Schriftsatz; für seine Gültigkeit war seine Unterzeichnung erforderlich. Der Vorsitzende hätte also dem Antrage nicht stattgeben dürfen. Daraus ergab sich aber keineswegs die Nichtigkeit seiner Verfügung. Eine von einem Gericht oder seinem Vorsitzenden im Rahmen einer Zuständigkeit erlassene Verfügung kann nicht wegen Fehlen der prozeßrechtlichen Voraussetzungen als nicht vorhanden angesehen werden. Die Verfügung war also gültig und geeignet, die Verlängerung der Frist wirksam herbeizuführen. Einer Zustellung der Verfügung innerhalb der Frist bedurfte es nicht; es genügte eine formlose Mitteilung. Für die Wirksamkeit der Verfügung war auch eine solche nicht notwendig; wirksam geworden war die Verfügung vielmehr schon in dem Zeitpunkt, in dem ihre Ausfertigung bei dem zuständigen Beamten der Geschäftsstelle zur Mitteilung an den Empfänger in den Auslauf gegeben wurde. Die Ansicht des Berufungsgerichts, daß sie vor Fristablauf in das Abholfach des Anwalts hätte gelangen müssen, wurde vom Reichsgericht nicht gebilligt. Aus den Akten ergab sich, daß die Ausfertigung der Verfügung noch vor Ablauf der Frist an den Anwalt abgesandt wurde. Unerheblich war, ob er vor Ablauf der Frist davon Kenntnis erhielt. Welche Bedeutung eine fernmündliche Mitteilung gehabt hätte, blieb dahingestellt, da eine solche nicht aktenkundig gemacht worden war. (III, 28. April 1939.) Amtl. Sammlg. S. 307—310.

Vgl. Bd. 20 S. 213; Bd. 151 S. 82; Bd. 156 S. 383.

57. Fälschung von Zahlungsaufträgen. Erfüllungsgehilfe. (BGB. §§ 278, 370.) Eine G. m. b. H. befaßte sich mit der Verwaltung fremder Vermögen; sie stand mit einer Bank in Verbindung. Einer ihrer Kunden legte bei der Bank 12000 RM. ein und erteilte dem Vorstand der Gesellschaft (L.) sowie einem Rechtsanwalt (G.) Vollmacht, gemeinschaftlich über das Guthaben zu verfügen. Auf Grund von Zahlungsaufträgen, die L. der Bank vorlegte und die mit seinem Namen sowie dem Namen des Rechtsanwalts unterzeichnet waren, wurden erhebliche Beträge an ihn ausbezahlt. Er hatte die Unterschriften des Rechtsanwalts gefälscht und veruntreute das Geld. Der Kunde klagte gegen die Bank auf Ersatz mit der Begründung, daß diese durch die gefälschten Zahlungsaufträge von ihrer Verbindlichkeit aus dem Bankvertrag nicht befreit worden sei. Die Bank machte geltend, daß der Kläger für das Verhalten des L. als seines Erfüllungsgehilfen hafte. In zwei Rechtszügen wurde die Klage abgewiesen. Das Reichsgericht verwies die Sache zurück. Durch den Bankvertrag waren Verpflichtungen für die Bank, aber auch für den Kläger entstanden; der Kläger war insbesondere verpflichtet, bei der Erteilung von Zahlungsaufträgen auf die schutzwürdigen Belange der Bank Rücksicht zu nehmen und alles zu unterlassen, was diese schädigen konnte. Da der Kläger durch Erteilung der Vollmacht seinen Vertretern die Möglichkeit eingeräumt hatte, seine Rechte aus dem Bankvertrag wahrzunehmen, bediente er sich dieser Vertreter auch zur Erfüllung seiner Verpflichtungen; zur Erfüllung gehört nicht nur die unmittelbare Erfüllungshandlung, sondern alles, was aus dem Vertrage von dem Schuldner verlangt werden kann. Das Berufungsgericht hatte angenommen, daß L. als Erfüllungsgehilfe des Klägers eine diesem obliegende Verpflichtung verletzte und daß der Kläger dafür zu haften habe. Damit war der Anwendungsbereich des § 278 BGB. überspannt. Allerdings kann Gegenstand der Anwendung dieser Vorschrift auch eine Unterlassungsverbindlichkeit sein, und wenn dem Kläger eine solche gegenüber der beklagten Bank oblag, war es möglich, daß er sich des L. zu ihrer Erfüllung bediente. Auf die bloße Verletzung allgemeiner Rechtspflichten, die nicht zugleich bestimmte vertragliche Verbindlichkeiten in sich schließen, findet aber § 278

BGB. keine Anwendung. Der Begriff der vertraglichen Nebenpflicht wäre zu weit gefaßt, wenn man annähme, daß der Bankkunde aus seinem Vertrag mit der Bank heraus vertraglich verpflichtet wäre, der Bank gegenüber nicht von falschen Urkunden Gebrauch zu machen. Diese Pflicht besteht für jedermann ohne weiteres; sie wird nicht erst durch den Bankkundenvertrag begründet oder durch ihn inhaltlich geändert. Ohne das Vorhandensein besonderer Vertragspflichten solcher und ähnlicher Art kann aber eine Fälschung, die ein durch einen Zahlungsauftrag Begünstigter an der Auftragsurkunde vornimmt, nicht als Vertragsverletzung des Auftraggebers gegenüber der Bank angesehen werden. Daran ändert es nichts, wenn der Fälscher gleichzeitig Bevollmächtigter des Auftraggebers ist. Es ging darum nicht an, L. auf Grund dieses Sachverhalts als Gehilfen zu betrachten, dessen sich der Kläger zur Erfüllung seiner vertraglichen Pflicht, Fälschungen zum Nachteil der Bank zu unterlassen, bedient habe. Es war begrifflich unmöglich, daß der Kläger selbst die angebliche Vertragsverletzung beging, die er durch L. als seinen Erfüllungsgehilfen begangen haben sollte; er konnte keinen Auftrag zu Abhebungen von seinem Konto durch Urkundenfälschung vortäuschen. Daraus ergab sich, daß die unerlaubten Handlungen des L. nur in äußerlichem Zusammenhang mit der Vertragserfüllung (wenn man bei einer bloßen Geldabhebung von einer solchen sprechen wollte), aber nicht in Erfüllung einer Verbindlichkeit des Schuldners selbst begangen waren. Daß die beklagte Bank durch die Bezahlung auf gefälschte Anweisungen hin von ihrer Verpflichtung gegenüber dem Kläger nicht befreit worden war, hatte das Berufungsgericht mit Recht angenommen. (VII, 9. Mai 1939.)

Amtl. Sammlg. S. 310—316.

Vgl. Bd. 56 S. 410; Bd. 63 S. 341; Bd. 64 S. 231; Bd. 75 S. 257; Bd. 77 S. 211; Bd. 79 S. 36, 312; Bd. 99 S. 263; Bd. 110 S. 145.

58. Haftpflichtversicherung. Vertragsauslegung. (KFG. § 17; VersVertrG. § 149.) Beim Zusammenstoß eines Personenkraftwagens mit einem Omnibus wurde der Lenker des Kraftwagens und ein in diesem befindlicher Mann tödlich verletzt. Der Halter des Kraftwagens hieß D., der Lenker B.; der getötete Fahrgast M. war ein Schwager des D.; der Halter des Omnibus hieß H. Die Witwe M. klagte gegen H. auf Schadenersatz. H. kündigte einen Ausgleichsanspruch gegen D. und die Witwe B. an. D. und B. waren gegen Haftpflicht versichert.

D. klagte gegen die Versicherungsgesellschaft auf Versicherungsschutz für sich und Frau B. Die Gesellschaft lehnte den Versicherungsschutz ab unter Berufung auf ihre Versicherungsbedingungen, wonach die Versicherung für die Haftpflichtansprüche von Angehörigen, die sich bei Eintritt des Schadens in dem Kraftfahrzeug befanden, ausgeschlossen waren. Das Berufungsgericht gab der Klage statt. Die Revision der Versicherungsgesellschaft hatte keinen Erfolg. Die Eheleute M. hatten unstreitig als Angehörige des Klägers zu gelten; ob mit Recht, konnte dahingestellt bleiben. Daß sie zu B. in keinem Angehörigkeitsverhältnis standen, war ohne Belang, da für den Abschluß der Versicherung nur das Verhältnis zum Versicherungsnehmer selbst maßgebend war. Bei der Auslegung der streitigen Bestimmung des Versicherungsvertrags waren neben dem Wortlaut auch die Grundsätze von Treu und Glauben zu beachten. Nach den allgemeinen Versicherungsbedingungen für die Haftpflichtversicherung, die seit 1921 gelten, sind ausgeschlossen Haftpflichtansprüche aus Schadenfällen von Angehörigen, während nach den hier in Frage stehenden Versicherungsbedingungen die Haftpflichtansprüche von Angehörigen ausgeschlossen waren. Die zweite Fassung ist enger als die erste, da sie nur für Haftpflichtansprüche gilt, die von Angehörigen des Versicherten erhoben werden. Um solche handelte es sich hier nicht, da Versicherungsschutz nur gegen die Ausgleichansprüche des H. verlangt wurde. Diese Forderung bestand auf einem anderen Rechtsgrunde, als wenn Frau M. vom Kläger Ersatz verlangt hätte. Nachdem die weitere Fassung seit 1921 gilt, hatten die Versicherungsgesellschaften den Wortlaut ihrer Bedingungen so zu fassen, daß eine Mißdeutung nicht möglich war; andernfalls konnten sie sich auf ihre Fassung nicht berufen, da derartige Versicherungsausschlüsse in jedem Falle streng auszulegen sind. (VII, 6. Juli 1939.)

Amtl. Sammlg. S. 317—320.

Vgl. Bd. 87 S. 64.

59. Verurteilung zur Willenserklärung. Zugehen. (ZPO. § 894; BGB. § 130.) Zwischen B. und H. war ein notarieller Vertrag abgeschlossen worden, wonach B. sich verpflichtete, H. Grundstücke zu bestimmten Bedingungen zum Kauf anzubieten. H. war mit dem Angebot, das B. ihm machte, nicht zufrieden und klagte auf Verurteilung des B. zur Abgabe eines dem Vertrag entsprechenden Angebots. Das Landgericht verurteilte B. entsprechend der Klage; ein Absatz des hiernach von diesem abzugebenden Angebots hatte zu lauten: „An dieses

Angebot hält sich der Verkäufer eine Woche gebunden." Die Berufung wurde zurückgewiesen; auf die Revision des Beklagten wurde das Kaufangebot hinsichtlich des Übergangs von Nutzungen und Lasten abgeändert. Das Urteil des Reichsgerichts wurde am 14. Februar 1936 in Abwesenheit der Parteien und ihrer Vertreter verkündet. Der Anwalt des Beklagten stellte das Urteil mit den Entscheidungsgründen dem Kläger am 19. März 1936 zu. Am 23. März 1936 nahm dieser das Angebot an. Der Klage auf Auflassung der Grundstücke stellte der Beklagte den Einwand entgegen, daß das Angebot verspätet angenommen worden sei. Das Berufungsgericht wies die Klage ab. Das Reichsgericht verwies die Sache zurück. In der Erklärung des Beklagten, sich eine Woche an das Angebot zu binden, lag auch eine Fristsetzung für den Kläger. Es fragte sich, von wann an die Frist zu berechnen war. Das Berufungsgericht hatte angenommen, sie habe mit der Verkündung des reichsgerichtlichen Urteils zu laufen begonnen, da dieses Urteil sofort rechtskräftig war und bei Verurteilung zur Abgabe einer Willenserklärung diese mit der Rechtskraft des Urteils als abgegeben gilt. Eines Zugehens der Erklärung habe es nicht bedurft, da bei der Revisionsverhandlung der Vertreter des Klägers anwesend gewesen sei; darauf, daß er bei der Verkündung des Urteils nicht anwesend war, hatte das Berufungsgericht kein Gewicht gelegt. Das Reichsgericht trat dieser Auffassung nicht bei. Die Erklärung galt erst mit der Verkündung des Urteils als abgegeben; wenn auch die Wirksamkeit der Verkündung eines Urteils von der Anwesenheit der Parteien nicht abhängig ist, war doch die Erklärung unter Abwesenden abgegeben. Von der Abgabe einer Erklärung ist deren Zugehen getrennt zu betrachten; diese Frage ist nach den allgemeinen bürgerlichrechtlichen Vorschriften zu entscheiden. Bei Erklärungen gegenüber dem Streitgegner ist zu berücksichtigen, daß in der Regel die Rechtskraft eines Urteils erst nach der Zustellung eintritt; im Zeitpunkt der Abgabe der Erklärung befindet sich also ihr Wortlaut regelmäßig schon in der Hand des Empfängers. Vorliegend war ein anderer Sachverhalt gegeben. Die Rechtskraft des Urteils und damit die Abgabe der Erklärung des Angebots trat sogleich mit der Verkündung des Urteils des Reichsgerichts ein; dieses Urteil änderte das vom Landgericht geformte Angebot inhaltlich ab, stellte dessen Inhalt also erst endgültig fest. Die neue Fassung war vorher nicht zugestellt oder auch nur in die Hand der Parteien gelangt; sie war also dem Kläger nicht zugegangen, d. h. nicht derart in seinen Machtbereich gelangt, daß er davon Kenntnis nehmen konnte. Hiezu wäre die Kenntnis des gesamten Urteilsinhalts notwendig gewesen. Diese konnte der Schuldner durch Zustellung des Urteils an den Gläubiger herbeiführen oder der Gläubiger konnte sie sich selbst durch Einholung des Urteils beim Gericht verschaffen. Daß der Kläger das getan hätte, war nicht nachgewiesen. Die Frist begann also erst mit der Zustellung des Urteils zu laufen. (V, 30. März 1939.)

Amtl. Sammlg. S. 321—326.

Vgl. Bd. 32 S. 421; Bd. 37 S. 400; Bd. 96 S. 273.

60. Gemeindebeamter. Anstellung. Bestätigung. Anfechtung. (BGB. §§ 119, 121, 124; BerBeamtG. § 6; DBeamtG. §§ 32, 184; DGemO. §§ 35, 37, 41; PrGemVerfG. § 37.) Der Bürgermeister einer preußischen Stadt schied zu Ende des Jahres 1922 auf Rat des Regierungspräsidenten mit Rücksicht auf eine Reihe von Vorkommnissen, die zum Teil zu Ermittlungsverfahren geführt hatten, freiwillig aus dem Dienst. Im Jahr 1924 bewarb er sich um Anstellung als Bürgermeister in einer anderen Stadt. In dem seiner Bewerbung beigefügten Lebenslauf gab er an, er habe sein früheres Amt aus freien Stücken niedergelegt, weil ein Zusammenwirken mit der damaligen Stadtverordnetenversammlung, die übrigens bald nach seinem Ausscheiden wegen ihrer Uneinigkeit durch ministerielle Anordnung aufgelöst worden sei, sich nicht habe erzielen lassen. Ähnliche Erklärungen gab er verschiedenen Stadtverordneten gegenüber ab. Er wurde gewählt; der Regierungspräsident bestätigte die Wahl, obwohl er durch Einsicht in die Akten über die frühere Tätigkeit des Bewerbers Kenntnis von dem wirklichen Sachverhalt erlangt hatte. Im Herbst 1931 wurde ein Dienststrafverfahren gegen den Bürgermeister eingeleitet; am 9. Februar 1934 wurde er auf Grund des Berufsbeamtengesetzes in den Ruhestand versetzt. Das Dienststrafverfahren führte zur Aberkennung des Rechts zur Führung des Titels und des Anspruchs auf Ruhegehalt und Hinterbliebenenversorgung, doch wurde für drei Jahre eine Unterstützung zugebilligt. Im Februar 1937 focht die Stadt die Anstellung wegen arglistiger Täuschung und Irrtums an und klagte auf Feststellung, daß dem Beklagten gegen sie keinerlei Ansprüche aus seiner Anstellung als Bürgermeister zuständen. In allen Rechtszügen wurde die Klage abgewiesen. Die Ernennung eines Beamten ist nach § 32 DBeamtG. für nichtig zu erklären, wenn sie durch arglistige Täuschung herbeigeführt worden ist. Diese Vorschrift konnte auf den Beklagten keine Anwendung finden, weil er schon im Februar 1934 in den

Ruhestand versetzt worden war; daß aber die Anstellung eines Beamten auch nach früherem Recht wegen arglistiger Täuschung oder wegen Irrtums über verkehrswesentliche Eigenschaften des Beamten angefochten werden konnte, entsprach ständiger Rechtsprechung des Reichsgerichts. Die Entscheidung in dem Dienststrafverfahren stand der Anfechtung nicht entgegen, weil Handlungen, die vor dem Eintritt in das Beamtenverhältnis begangen worden sind, nicht Gegenstand eines solchen Verfahrens sein können. Die Anfechtung wirkt, falls sie begründet ist, auf den Zeitpunkt der Anstellung des Beamten zurück und beseitigt alle Ansprüche aus dem Dienstverhältnis, auch wenn sie ihm im Dienststrafverfahren belassen oder zuerkannt worden sind. Die Vorschriften des bürgerlichen Rechts über diesen Gegenstand beherrschen als ungeschriebene Normen des öffentlichen Rechts auch dessen Geltungsbereich. Diese Rechtslage änderte sich durch das am 1. Januar 1934 in Kraft getretene preußische Gemeindeverfassungsgesetz. Dieses fand auf den Beklagten Anwendung, da er bei dessen Inkrafttreten zwar vorläufig seines Amtes enthoben, aber noch nicht in den Ruhestand versetzt worden war. Nach § 37 PrGemVerfG. konnte die Berufung in das Beamtenverhältnis widerrufen werden, wenn sie durch unlautere Mittel, wie arglistige Täuschung, Drohung, Bestechung herbeigeführt worden war; Irrtum über verkehrswesentliche Eigenschaften des Beamten genügte nicht. Das preußische Gemeindeverfassungsgesetz wurde aber schon am 1. April 1935 außer Kraft gesetzt. Die deutsche Gemeindeordnung vom 30. Januar 1935 enthält keine Bestimmungen über die Möglichkeit eines Widerrufs oder einer Anfechtung der Beamtenanstellung wegen Irrtums oder arglistiger Täuschung; somit wurde durch die Aufhebung des preußischen Gemeindeverfassungsgesetzes der Zustand wiederhergestellt, der vor seinem Inkrafttreten bestand. Da der Beklagte von der Stadtverordnetenversammlung zum Bürgermeister gewählt worden war, lag die Entschließung über die Anfechtung seiner Anstellung bei dieser; die Erklärung der Anfechtung hatte durch den Magistrat zu erfolgen. Die Befugnisse der Stadtverordnetenversammlung wurden durch das preußische Gemeindeverfassungsgesetz aufgehoben; die Entschließung über die Anfechtung ging auf den Regierungspräsidenten als die nach diesem Gesetz zuständige Anstellungsbehörde und nach dem Inkrafttreten der deutschen Gemeindeordnung auf die durch den Bürgermeister oder ersten Beigeordneten vertretene Gemeinde über. Das Berufungsgericht hatte die Klage abgewiesen, weil der

Regierungspräsident bei der Bestätigung der Wahl des Beklagten über dessen Persönlichkeit nicht im Irrtum gewesen sei. Darauf konnte es aber nicht ankommen. Die Bestätigung eines Bürgermeisters durch den Regierungspräsidenten dient nur dazu, die Wahl zu genehmigen; als Anstellungsbehörde gilt die Körperschaft, die gewählt hatte. Die Anfechtung war aber verspätet erfolgt. In einer früheren Entscheidung ließ das Reichsgericht dahingestellt, ob die für die Anfechtung geltenden Vorschriften des bürgerlichen Rechts auch für die auf dem Gebiete des öffentlichen Rechts erfolgenden Anfechtungserklärungen gelten; es sprach aber aus, daß die auch auf dem Gebiet des öffentlichen Rechts geltenden Grundsätze von Treu und Glauben eine Anfechtung der Anstellung eines Beamten dann als ausgeschlossen erscheinen ließen, wenn die Anstellungsbehörde die für die Anfechtung wesentlichen Tatsachen seit einer Reihe von Jahren kannte, ohne von ihrem Anfechtungsrecht Gebrauch zu machen. Die Anwendung dieser Grundsätze führte auch im vorliegenden Falle dazu, die Anfechtung als verspätet anzusehen. Die unmittelbare Übernahme der Fristen des bürgerlichen Rechts auf das öffentlich-rechtliche Beamtenverhältnis ist allerdings nicht zulässig; die Rechtssicherheit verlangt aber auch hier eine baldige Beendigung des nach Kenntnis des Anfechtungsgrundes eingetretenen Schwebezustandes. Der kommissarische Bürgermeister der Klägerin hatte schon im April 1933 von der Unrichtigkeit der Angaben des Beklagten in seinem Bewerbungsschreiben Kenntnis erhalten. Ob das auch für die Stadtverordneten galt, war nicht festgestellt, aber auch bedeutungslos; denn jedenfalls seit dem 1. April 1935, dem Tage des Inkrafttretens der deutschen Gemeindeordnung, kam es auf die Kenntnis des kommissarischen Bürgermeisters an. Die Anfechtung wurde aber erst nahezu zwei Jahre später ausgesprochen. (III, 5. Mai 1939.)

Amtl. Sammlg. S. 326—332.

Vgl. Bd. 83 S. 429; Bd. 124 S. 192.

61. Ruhegehalt. (DBeamtG. §§ 35, 43, 90, 179.) Ein Fachlehrer in Braunschweig bezog neben seinem Gehalt eine ruhegehaltsfähige Stellenzulage von 600 RM. Mit Wirkung vom 1. Oktober 1933 wurde er auf Grund eines braunschweigischen Gesetzes vom 5. April 1913 (2. Juli 1933) unter Wegfall der Zulage an eine Bürgerschule versetzt. Nach der neuen Fassung des Gesetzes war die Versetzung eines Angestellten in eine andere Stelle mit nicht geringerem Einkommen jederzeit zulässig; als Verringerung des Einkommens war es nicht anzusehen, wenn eine ruhegehaltsfähige Zulage wegfiel. Ende November 1937 trat der Beamte in den Ruhestand. Bei der Berechnung seines Ruhegehalts wurde die Fachlehrerzulage nicht berücksichtigt. Seine Klage auf Erhöhung seines Ruhegehalts hatte Erfolg. Nach § 90 DBeamtG. ist das Ruhegehalt eines Beamten, der früher ein mit höheren Bezügen verbundenes Amt bekleidet und diese Bezüge mindestens ein Jahr genossen hat, nach den ruhegehaltsfähigen Bezügen des früheren Amts zu berechnen, sofern er in das mit geringeren Bezügen verbundene Amt nicht lediglich auf seinen in eigenem Interesse gestellten Antrag übergetreten ist. Nach § 179 Abs. 5 DBeamtG. findet diese Vorschrift auch auf Beamte Anwendung, die schon vor dem Inkrafttreten des deutschen Beamtengesetzes im Dienste waren. § 90 DBeamtG. erfaßt auch Versetzungen in dienstlichem Interesse ohne eigenen Antrag, soweit sie nach früherem Recht zulässig waren und in der Zeit der Geltung des deutschen Beamtengesetzes fortwirken. Der Begriff der geringeren Bezüge ist dem § 35 D.-BeamtG. zu entnehmen, wonach auch der Fortfall einer ruhegehaltsfähigen Stellenzulage eine Verringerung der Dienstbezüge bedeutet. Die Vorschrift des braunschweigischen Landesrechts, daß der Fortfall einer ruhegehaltsfähigen Zulage nicht als Verringerung des Einkommens anzusehen sei, hat ihre Geltung verloren. Ob sie nicht als Verstoß gegen Art. 129 RVerf. von vornherein unwirksam war, soweit sie in wohlerworbene Rechte der Beamten eingriff, konnte dahingestellt bleiben. (III, 16. Mai 1939.) Amtl. Sammlg. S. 332—338.

62. Wechselanspruch. Teilzahlung. Rechtshängigkeit. Beweislast. Prüfung von Amts wegen. (WO. Art. 39; ZPO. §§ 263, 274.) Aus einem im Jahr 1926 abgeschlossenen Kauf blieb der Käufer 50000 RM. schuldig. Über die Schuld wurde ein Wechsel an eigene Ordre auf 50000 RM., fällig am 2. Januar 1927, ausgestellt. Nachdem 25000 RM. bezahlt worden waren, wurde auf den Wechsel der Vermerk gesetzt: „nur 25000 RM. gültig"; die Zahl 50000 wurde durchstrichen, dagegen blieben im Wortlaut des Wechsels die Worte „Reichsmark fünfzigtausend" stehen. Auf der Rückseite trug der Wechsel ein Blankoindossament des Ausstellers. Es wurde Klage im Wechselprozeß auf Zahlung von 25000 RM. nebst Zinsen erhoben, und zwar verlangte der Kläger zunächst Zahlung an ihn selbst, später aber Zahlung an verschiedene Empfänger. Der Beklagte beantragte Abweisung der Klage. Er behauptete, darin, daß der Kläger von seinem ursprünglichen Antrag auf Zahlung an ihn selbst abgegangen sei, liege eine unzulässige Klageänderung. Weiter erhob er die Einrede der Rechtshängigkeit mit der Begründung, der Kläger habe den Anspruch aus dem Wechsel in einem vor einem anderen Landgericht anhängigen Rechtsstreit durch Widerklage geltend gemacht. Endlich stellte er gegen den Klageanspruch eine höhere Gegenforderung in Aufrechnung. Das Berufungsgericht gab der Klage statt. Das Reichsgericht verwies die Sache zurück. Für die Beurteilung war die frühere Wechselordnung maßgebend. Als Aussteller des Wechsels hatte der Kläger gegenüber dem Beklagten, der den Wechsel angenommen hatte, Anspruch auf Zahlung der Wechselsumme mit Zinsen. Gegen die Gültigkeit des Wechsels bestanden keine Bedenken. Wenn auch die Wechselsumme widersprechend angegeben war, ließ sich doch hinreichend deutlich erkennen, daß der Wechsel ursprünglich über 50000 RM. ausgestellt war und jedenfalls noch für 25000 RM. gültig sein sollte. Die Einrede der unzulässigen Klageänderung hatte das Berufungsgericht für unbegründet erklärt, da keine neuen Parteien in den Rechtsstreit eingeführt, sondern nur andere Zahlstellen angegeben worden seien. Die Revision hatte hiegegen keine Einwendung erhoben. Das Reichsgericht wies gleichwohl darauf hin, daß eine Teilabtretung einer Wechselforderung ebenso unzulässig ist wie ein Teilindossament. Aus der Notwendigkeit der Übergabe des Wechsels zur Verschaffung des abgetretenen Rechts folgt, daß nur eine einheitliche Gläubigerschaft für die gesamte Wechselforderung bestehen kann. Für einen Wechsel kann auch nur ein Zahlungsort und eine Zahlstelle angegeben werden, und der Aussteller kann beides nach Annahme des Wechsels nicht mehr ändern. Allerdings verwandelt sich durch den Verzug des Schuldners die Wechselschuld aus einer Holschuld in eine Bringschuld und hat der Schuldner den Betrag auf seine Kosten und Gefahr dem Gläubiger an dessen Wohnsitz zu übermitteln; der Beklagte war aber nur verpflichtet, gegen Aushändigung des quittierten Wechsels Zahlung zu leisten. Aus diesem Grunde wies das Reichsgericht das Berufungsgericht an, in der neuen Verhandlung und Entscheidung den Bedenken gegen eine Verurteilung zu Teilzahlungen aus dem Wechsel an dritte Personen Rechnung zu tragen. Berechtigt zur Geltendmachung des Anspruchs aus dem Wechsel war der Kläger. Das auf dem Wechsel befindliche, nicht durchstrichene Blankogiro des Klägers stand seiner Berechtigung nicht entgegen; ein Blankogiro weist jeden aus, der den Wechsel in der Hand hat. Gegenüber der Einrede der Rechtshängigkeit hatte das Berufungsgericht ausgeführt, der Beklagte habe den Nachweis, daß der Anspruch aus dem Wechsel Gegenstand einer bei einem anderen Landgericht anhängigen Widerklage sei, mit den im Wechselprozeß zulässigen Beweismitteln nicht erbringen können. Die Akten des Gerichts, bei dem die Widerklage erhoben worden war, waren während des Rechtsstreits zugrunde gegangen. Ein Schreiben des Rechtsanwalts des Beklagten als Beweismittel zu verwenden hatte das Berufungsgericht abgelehnt, da der Beweisantritt durch dieses Schreiben auf einen mittelbaren Zeugenbeweis hinauslief, der im Wechselprozeß unzulässig sei. Das Reichsgericht erklärte demgegenüber, daß es sich um eine von Amts wegen zu prüfende Prozeßvoraussetzung gehandelt habe, und daß für diese die Einschränkungen der Beweismittel im Urkundenprozeß nicht gelten. Immerhin ließen die Ausführungen des Berufungsgerichts über die Beweisfälligkeit des Beklagten keinen Rechtsirrtum erkennen. Die Prüfung von Amts wegen begründet für das Gericht nicht die Pflicht, wie im Amtsverfahren von sich aus zur Erforschung der Wahrheit tätig zu werden. Die Anregung der Prüfung bleibt weitgehend den Parteien überlassen. Das Gericht hat sich auf die Prüfung des ihm vorgelegten oder offenkundigen Stoffes zu beschränken; es hat nicht die Pflicht, durch eigene Tätigkeit die tatsächlichen Grundlagen seiner Entscheidung zu beschaffen. Die Verteilung der Beweislast gilt auch hier. Da der Hinweis auf die mehrfache gleichzeitige Anhängigkeit derselben Streitsache im Gesetz als Einrede behandelt ist, geht die Nichtaufklärung des Tatbestandes zu Lasten der Partei, der die Einrede zugute kommen würde, also des Beklagten. Eine andere Auffassung würde dem Kläger den Beweis dafür aufbürden, daß der geltendgemachte Anspruch nirgends anderweit gleichzeitig anhängig sei, und damit zu praktisch nicht haltbaren Folgerungen führen. Das Berufungsgericht hatte also zwar die Beweismöglichkeit für den Beklagten unzulässig beschränkt, das Bestehen einer Beweislast zu seinen Ungunsten aber mit Recht bejaht. Wenn nicht bewiesen wurde, daß der Kläger mit seiner Widerklage bei dem anderen Landgericht den Anspruch aus dem Klagewechsel geltend gemacht hatte, war der Beklagte beweisfällig geblieben und die Einrede der Rechtshängigkeit unbegründet. Durch eine Klage aus dem Kaufvertrag würde der Anspruch aus dem Wechsel nicht rechtshängig geworden sein. Der Wechsel enthält ein selbständiges, von dem Bestand des Grundgeschäfts unabhängiges Zahlungsversprechen. Die Klage aus dem Grundgeschäft und die Klage aus dem Wechsel beruhen auf verschiedenen Klaggründen; die Einrede der Rechtshängigkeit erfordert aber Gleichheit des Klagegrundes. Dem Reichsgericht lagen die inzwischen wiederhergestellten Akten des anderen Landgerichts vor. Da die Frage der Rechtshängigkeit von Amts wegen zu prüfen war, konnte das Revisionsgericht auch neue Tatsachen beachten und gegebenenfalls auch Beweise erheben. Aus den Akten ergab sich aber nicht, daß die Widerklage aus dem Wechsel und nicht aus dem Grundgeschäft erhoben war. Die Zurückverweisung erfolgte, weil das Berufungsgericht den Aufrechnungseinwand nicht verbeschieden hatte. (II, 17. Mai 1939.) Amtl. Sammlg. S. 338—349. Vgl. Bd. 52 S. 179; Bd. 86 S. 15; Bd. 104 S. 155; Bd. 150 S. 330; Bd. 151 S. 43; Bd. 155 S. 72; Bd. 156 S. 113; Bd. 158 S. 72; JW. 1930 S. 705.

63. Gemeindebeamter. Nebentätigkeit. Sondervergütung. Unzulässige Rechtsausübung. Treu und Glauben. Wegfall der Geschäftsgrundlage. Schadenersatz. (BGB. § 826; Pr.-ALR. II 10 § 89; PrStädteO. für die östlichen Provinzen § 64.) In einer preußischen Stadt war im Jahr 1920 eine Stadtbank als offene Handelsgesellschaft begründet worden; Gesellschafter waren die Stadt und die Girozentrale. Die Stadt hatte zur Wahrnehmung ihrer Gesellschafterrechte einen Verwaltungsrat bestellt, dessen Vorsitzender der Oberbürgermeister war; dieser war auch zugleich alleinberechtigter Vorstand der Girozentrale. Der Stadtkämmerer wurde als Kurator der Stadtbank bestellt. Er erhielt als solcher keine laufenden Bezüge; dagegen wurde der Oberbürgermeister vom Verwaltungsrat der Bank im Jahr 1924 ermächtigt, ihm eine Sondervergütung zu bewilligen. Der Oberbürgermeister beantragte bei der Stadtverordnetenversammlung eine Vergütung von 50000 RM.; diese erklärte sich aber nur damit einverstanden, daß die Stadtbank ihm ein Hypothekdarlehen von 50000 RM. unter Übernahme der Zinsen auf die Stadtkasse für ein Jahr gewähre. Das Darlehen wurde im Juli 1926 ausbezahlt. Im Juni 1927 beschloß der Verwaltungsrat der Stadtbank unter Vorsitz des Oberbürgermeisters, der zugleich als Vertreter der Girozentrale handelte, auf die Zurückzahlung des Darlehens in Höhe von 30000 RM. und auf Zahlung von Zinsen zu verzichten. Der Magistrat stimmte dem Beschlusse zu. Der Stadtkämmerer zahlte darauf 20000 RM. zurück. Später übernahm die Stadt auch den Anteil der Girozentrale; die offene Handelsgesellschaft Stadtbank wurde aufgelöst, ihr Vermögen ging auf die Stadt über. Im Jahr 1936 klagte die Stadt gegen den im Jahr 1932 aus ihrem Dienst ausgeschiedenen Stadtkämmerer auf Ersatz des ihm auf Grund des Abkommens von 1927 zugekommenen Betrags. Das Berufungsgericht verurteilte den Beklagten zur Zahlung von 30000 RM. nebst Zinsen und Ersatz der ihm erlassenen Zinsen. Das Reichsgericht wies die Klage ab. Die Stadtbank, aus deren Mitteln die Vergütung bewilligt worden war, war in der maßgebenden Zeit nicht etwa eine städtische Anstalt, sondern eine im Handelsregister eingetragene offene Handelsgesellschaft, also ein selbständiges, privatrechtlichen Normen unterstehendes Handelsunternehmen. Die Stadt war zwar zur Hälfte Mitgesellschafterin; das Gesellschaftsvermögen stand aber beiden Gesellschaftern zur gesamten Hand zu, so daß die Stadt darüber nur zusammen mit der zweiten Gesellschafterin verfügen konnte. Leistungen aus ihrem Vermögen waren also keine Leistungen aus dem Stadtvermögen. Daran wurde auch durch den späteren Übergang des Vermögens der Stadtbank auf die Stadt nichts geändert. Eine Beschlußfassung der städtischen Körperschaften kam also nicht in Frage. Ob der Beklagte durch die Annahme der Sondervergütung gegen seine Dienstpflichten verstieß, war für die Gültigkeit des zwischen ihm und der Stadtbank abgeschlossenen Vertrags ohne Belang, ebenso, ob durch die Sondervergütung eine für die Stadt geleistete dienstliche Tätigkeit oder eine solche im Dienste der Stadtbank vergütet werden sollte. Die Wahrnehmung der Rechte der Stadt als Gesellschafterin der Stadtbank stand ausschließlich dem Verwaltungsrat zu, der rechtlich eine Deputation im Sinne der Städteordnung bildete. Übrigens hatte der Magistrat dem Beschlusse des Verwaltungsrats zugestimmt und die Stadtverordnetenversammlung, die durch ihre dem Verwaltungsrat angehörenden Mitglieder Kenntnis davon erhalten hatte, nicht widersprochen. Das Berufungsgericht hatte in der Berufung des Beklagten auf den Erlaßvertrag eine unzulässige Rechtsausübung gesehen. Das erklärte das Reichsgericht für unhaltbar. Der Einwand der unzulässigen Rechtsausübung — früher als Einwand der allgemeinen Arglist bezeichnet — beruht entweder auf § 242 oder auf § 826 BGB. Der aus § 242 BGB. herzuleitende Einwand setzt voraus, daß noch irgendwelche Rechtsbeziehungen zwischen den Parteien bestehen, die gegenseitige Rechte und Pflichten begründen, so daß unter Umständen die Geltendmachung eines Rechts mit der nach Treu und Glauben zu fordernden Rücksichtnahme auf die Belange der anderen Partei unvereinbar sein kann, etwa weil der Berechtigte schon früher seine Treupflicht verletzt und dadurch die Grundlage der Beziehungen erschüttert hat oder die Geltendmachung des Rechtes selbst einen Verstoß gegen die Treupflicht bedeutet; so kann die Geltendmachung von Ansprüchen aus einem Vertrag, besonders einem Vergleich oder einem Anerkenntnis, bei dem beide Vertragsteile übereinstimmend von einer irrigen Geschäftsgrundlage ausgegangen sind, gegen Treu und Glauben verstoßen. Dagegen ist der Wegfall oder die Änderung der Geschäftsgrundlage wie die Änderung der wirtschaftlichen Verhältnisse für sich allein kein Grund zur Aufhebung des Vertrags und deshalb dem Gegner nicht versagt, sich auf den Vertrag zu berufen. Auch besteht keine allgemeine sittliche Verpflichtung, die Ausübung eines Rechts zu unterlassen, wenn sie den anderen schädigt. Vielmehr müssen noch besondere, in der Person des Handelnden liegende Umstände hinzukommen, welche die Geltendmachung des Rechts als Verstoß gegen die guten Sitten erscheinen lassen. Unzulässige Rechtsausübung nach § 826 BGB. hat die Rechtsprechung insbesondere angenommen, wenn die Geltendmachung eines Rechts mit einem früheren Verhalten unvereinbar ist, so, wenn der Schuldner den Gläubiger veranlaßt hat, die Verjährung nicht zu unterbrechen, oder wenn er sich durch eigenes Gesetz oder pflichtwidriges Verhalten den Rechtsbehelf geschaffen hat, aus dem der Anspruch hergeleitet wird. Auch die Ausnutzung eines Urteils ist unzulässig, wenn es erschlichen oder seine Unrichtigkeit der Partei bekannt ist, nicht aber schon, wenn sie Zweifel an seiner Richtigkeit hatte. Dagegen liegt in der Berufung auf einen früher abgeschlossenen und bereits abgewickelten Vertrag kein Verstoß gegen die guten Sitten, wenn nachträglich Umstände eingetreten sind, die mit dem Vertrag nicht in Einklang stehen. Im Jahr 1919 war eine Herabsetzung der Bezüge des Beklagten, der nicht wie die übrigen Magistratsmitglieder in die Gruppe der Ministerialräte, sondern der Ministerialdirektoren eingestuft worden war, mit der Begründung abgelehnt worden, daß er zugleich Kurator der Stadtbank sei und dafür keine besondere Vergütung erhalte. Das Berufungsgericht hatte angenommen, daß der Beklagte vielleicht bis dahin habe glauben können, das höhere Gehalt sei ihm wegen der Wichtigkeit seiner Tätigkeit als Stadtkämmerer bewilligt worden, daß er aber von da an nicht mehr zweifeln konnte, mit ihm eine Vergütung für seine Tätigkeit als Kurator der Stadtbank erhalten zu haben. Es hatte erklärt, daß es gegen Treu und Glauben und die guten Sitten verstoße, wenn er jetzt nach Aufklärung gegenüber dem

Darlehensanspruch der Klägerin sich noch auf den Erlaßvertrag berufe, da dies zur Folge habe, daß er für seine Tätigkeit als Kurator eine doppelte Vergütung bezogen hätte. Der Beklagte war aber von Anfang an in die höhere Gehaltsstufe eingestellt worden und bei Abschluß des Erlaßvertrages waren alle Beteiligten der Auffassung, daß ihm neben seinem Gehalt Anspruch auf Entschädigung für seine Tätigkeit als Kurator zustehe. Wenn nachträglich die Aufsichtsbehörde in Unkenntnis der ihm gewährten Sondervergütung nicht auf Herabsetzung seines Gehalts bestand, konnte daraus für den Beklagten keine auch nur sittliche Verpflichtung entstehen, der Stadtbank, einem von der Stadt rechtlich und wirtschaftlich verschiedenen Handelsunternehmen, die ihm zwei Jahre vorher gezahlte Sondervergütung zurückzugeben. Als Rechtsnachfolgerin der offenen Handelsgesellschaft konnte die Klägerin sonach aus dem schon erloschenen Darlehensvertrag keine Ansprüche stellen und die Berufung des Beklagten auf den Erlaßvertrag konnte vom Rechtsstandpunkt aus keine unzulässige Rechtsausübung sein. Auch ein Verstoß gegen die Amtspflichten war in dem Verhalten des Beklagten nicht zu finden. Es lag keine unzulässige Ausschaltung der Stadtverordneten vor, sondern die Beteiligten hatten völlig offen einen Weg zur Befriedigung der Wünsche des Beklagten gewählt, bei dem die Zustimmung der Stadtverordneten nicht nötig war. Auch darin, daß der Beklagte von der Stadtbank ein Entgelt für seine Tätigkeit als Kurator angenommen hatte, ohne daß dies durch einen Beschluß der Stadtverordnetenversammlung genehmigt war, lag unter den gegebenen Umständen kein Verstoß des Beklagten gegen seine Amtspflichten, wenn auch zur Übernahme einer entgeltlichen Nebentätigkeit zufolge eines Vorbehalts in seiner Anstellungsurkunde eine Zustimmung der Stadtverordnetenversammlung nötig war; nachdem die Stadtverordnetenversammlung durch ihre dem Verwaltungsrat der Bank angehörenden Mitglieder von der Gewährung der Sondervergütung Kenntnis erlangt hatte, konnte der Beklagte ohne Verschulden annehmen, daß damit auch ohne eine förmliche Beschlußfassung dem Vorbehalt genügt sei, zumal die Verwaltung in Fragen der Form überhaupt weitherzig zu verfahren pflegt.
(III, 24. März 1939.) Amtl. Sammlg. S. 349—360.
Vgl. Bd. 138 S. 373; Bd. 144 S. 378; Bd. 146 S. 376, 385; Bd. 152 S. 147, 403; Bd. 153 S. 59, 356; Bd. 155 S. 55; Bd. 156 S. 70, 77; Bd. 157 S. 67; Bd. 158 S. 166.

64. Lichtspieltheater. Pacht. Gebrauchspflicht. Kündigung. Wegfall der Geschäftsgrundlage. Treu und Glauben. (BGB. §§ 242, 553, 581, 723.) Ein Lichtspieltheater wurde im Jahr 1933 auf sechs Jahre verpachtet; dem Pächter wurde das Recht eingeräumt, die Pachtdauer durch einfache Erklärung auf weitere sechs Jahre zu verlängern. Als Pachtzins waren 15% der Einnahmen aus dem Verkauf von Eintrittskarten, mindestens aber jährlich 42000 RM. zu zahlen. Bald nach dem Vertragsschluß nahm der Pächter auch ein anderes, erheblich größeres Lichtspieltheater am gleichen Ort in Pacht. Als er rechtzeitig vor Ablauf der Pachtzeit die Verlängerung des Pachtverhältnisses erklärte, lehnte der Verpächter dies ab und klagte auf Verurteilung des Pächters zur Räumung des Theaters. Der Beklagte erhob Widerklage auf Feststellung, daß der Pachtvertrag bis zum 30. März 1945 bestehe. In allen Rechtszügen wurde die Klage abgewiesen und der Widerklage stattgegeben. Die Klage war damit begründet worden, daß der Beklagte das andere Lichtspieltheater bevorzugt und damit seine Treupflicht gegenüber dem Kläger verletzt habe; dem Kläger könne die Verlängerung des Pachtverhältnisses nicht zugemutet werden, zumal die Geschäftsgrundlage weggefallen sei. Das Berufungsgericht hatte die Frage geprüft, ob das Rechtsverhältnis der Parteien als gesellschaftsartig anzusehen sei; es hatte sie mit Recht verneint, da die Parteien keinen gemeinsamen Zweck verfolgten. Daß der Kläger in gewissem Umfang am Ertrag der Pachtsache beteiligt war, änderte daran nichts. Die Frage hatte übrigens für die Entscheidung kaum eine Bedeutung. Wenn auch ein so allgemeines Recht, das Vertragsverhältnis aus wichtigem Grunde zu kündigen, wie es für das Gesellschaftsrecht gilt, für das Recht der Miete und Pacht nicht gesetzlich festgelegt ist, hat die Rechtsprechung es doch in gewissem Umfang auch hier anerkannt. Die Entscheidung durfte aber für den vorliegenden Fall auf diesem Wege nicht gesucht werden, da der Kläger sein Recht zur Vertragsauflösung auf vertragswidriges Verhalten des Beklagten stützte. Für diesen Tatbestand ist in den §§ 553, 581 BGB. eine eigene Regelung getroffen, die allein maßgebend sein konnte. Es kam also darauf an, ob der Beklagte einen vertragswidrigen Gebrauch von der Pachtsache gemacht hatte. Das traf nicht zu. Es bedeutet einen erheblichen rechtlichen Unterschied, ob der Pachtzins lediglich von dem mit der Pachtsache erzielten Gewinn oder Umsatz abhängig oder doch wenigstens neben einer festen Pachtzinssumme eine nach der Höhe des mit der Pachtsache erzielten

Gewinns zu bemessende Abgabe zu entrichten ist, oder ob, wie hier, eine feste Mindestpacht gilt und dem Verpächter nur eine Erhöhung bei entsprechender Umsatzsteigerung zustehen soll. In den erstgenannten Fällen ist eine Gebrauchspflicht des Pächters selbstverständlich, da von ihr das Entgelt für die Pacht abhängt; im vorliegenden Fall war der Kläger zwar auch mit 15% an dem Umsatz beteiligt, erhielt aber aus dieser Beteiligung nur dann etwas, wenn sie die Mindestpachtsumme von 42000 RM. überstieg. Dieser Unterschied war bei der Prüfung, in welchem Umfang eine Gebrauchspflicht des Pächters bestand, in Rechnung zu stellen. Es entspricht der Erfahrung, daß eine Beteiligung des Verpächters am Gewinn des Pächters regelmäßig keine Beschränkung des Pächters in seiner freien Entschließung über den Gebrauch der überlassenen Sache begründet. Wie die Sache zu beurteilen gewesen wäre, wenn der Pächter den Betrieb eingestellt hätte, konnte unerörtert bleiben, da dieser Sachverhalt nicht vorlag. Der Beklagte war berechtigt, das andere Theater hinzuzupachten. Der Besitz von zwei Theatern hatte zur Folge, daß er die Betriebsführung in beiden entsprechend einstellte, und zwar mußte und durfte er für die Gestaltung dieser Betriebsführung seine eigenen Belange maßgebend sein lassen. Traten diese mit denen des Klägers in Widerstreit, so mußte nach Treu und Glauben die Grenze gefunden werden, bis zu der der Beklagte jene des Klägers berücksichtigen mußte. Diese Treupflicht kann den Pächter an mancher seinen Belangen dienlichen, an sich nicht rechtswidrigen Handlung hindern, wenn durch sein Verhalten die Pachtsache an Wert verlieren und der Verpächter einen Schaden erleiden würde. Sie geht aber nicht so weit, daß der Pächter seine Belange, zu deren Verfolgung er grundsätzlich befugt ist, irgendwie hintansetzen müßte, nur um dem Verpächter einen größeren Gewinn zu verschaffen und für die Zeit nach dem Pachtende die Pachtsache nicht nur unversehrt, sondern bis zur Grenze des Möglichen verbessert wieder zu geben. Die vom Kläger aufgestellten Behauptungen mochten wohl ergeben, daß der Beklagte das Pachttheater nicht so gefördert hatte, wie es hätte geschehen können, und daß darunter die Umsatzbeteiligung des Klägers gelitten hatte; aus ihnen konnte aber nicht entnommen werden, daß dem Kläger aus dem Verhalten des Beklagten ein Schaden an der Pachtsache drohte. Deshalb waren sie ungeeignet, eine die Kündigung rechtfertigende Treupflichtverletzung des Beklagten darzutun. (IV, 12. Juni 1939.)

Amtl. Sammlg. S. 361—369.

Vgl. Bd. 94 S. 234; Bd. 149 S. 88; Bd. 150 S. 193; Bd. 158 S. 180; JW. 1936 S. 1830.

65. Ehelichkeitsanfechtung. Mitwirkung des Staatsanwalts. Kosten. (FamRÄndG. §§ 5, 26, 27; ZPO. §§ 91, 92, 97, 640.) Eine Frau, die von ihrem Ehemann seit September 1932 getrennt lebte, gebar im September 1934 ein Kind. Die Ehe war am 18. Mai 1934 geschieden worden. Im Januar 1938 erhob der frühere Ehemann Anfechtungsklage mit dem Antrag auf Feststellung, daß das Kind nicht seine Tochter sei. Das Berufungsgericht wies die Klage wegen Versäumung der Anfechtungsfrist ab. Der Kläger legte Revision ein; der Oberreichsanwalt trat ihm als Streitgenosse bei. Das Reichsgericht gab dem Antrage des Klägers statt, legte ihm aber die Kosten auf mit Ausnahme der Gerichtskosten des Revisionsverfahrens. Das durch das Gesetz vom 12. April 1938 begründete Recht des Staatsanwalts, die Ehelichkeit eines Kindes anzufechten, kann sowohl durch Erhebung der Anfechtungsklage wie auch, wenn eine solche schon anhängig ist, durch Beitritt zum Verfahren ausgeübt werden; dieser Beitritt kann auch noch im Revisionsverfahren erklärt werden, da die Anfechtung des Staatsanwalts auf den gleichen tatsächlichen Voraussetzungen beruht und das gleiche Ziel verfolgt wie die Anfechtung des Ehegatten. Darüber, daß der Kläger mit der Mutter der Beklagten seit dem Jahr 1932 nicht mehr geschlechtlich verkehrt hatte, bestand kein Streit; die Tatsache war von der Mutter der Beklagten als Zeugin eidlich erhärtet worden. Demnach war ausgeschlossen, daß der Kläger der Vater der Beklagten war. Der Kläger hatte aber die Anfechtungsklage zu spät erhoben. Der Tag der Geburt der Beklagten war ihm bekannt, ebenso die Tatsache, daß seine Ehe mit der Mutter der Beklagten erst am 18. Mai 1934, also nur 125 Tage vor der Geburt der Beklagten, rechtskräftig geschieden worden war. Daß demzufolge die Beklagte als sein eheliches Kind galt, war ihm allerdings nicht bekannt, ebensowenig, daß zur Beseitigung dieser Rechtslage eine Anfechtungsklage nötig war; diese Unkenntnis konnte ihm aber nichts nützen. Der Kläger hätte also mit seiner Anfechtungsklage nicht durchdringen können. Die Verurteilung der Beklagten wurde nur durch das Eingreifen des Staatsanwalts herbeigeführt. Mit Rücksicht darauf erschien es angemessen, die Kosten des Rechtsstreits dem Kläger aufzuerlegen mit Ausnahme der Gerichtskosten des Revisionsverfahrens; diese hatte die Beklagte zu tragen, da sie im Revisionsverfahren infolge der Anfechtung des Oberreichsanwalts sachlich unterlegen war. (IV, 15. Mai 1939.)

Amtl. Sammlg. S. 369—372.

Vgl. Bd. 160 S. 92.

66. Vormundschaftssache. Zuständigkeit. Übertragung. (ÖsterrG. vom 1. August 1895 [Jurisdiktionsnorm] § 111; Abkommen zwischen dem Deutschen Reich und Österreich vom 5. Februar 1927; FGG. § 46.) Das als Vormundschaftsgericht zuständige österreichische Gericht übertrug mit Rücksicht auf den Aufenthalt des Mündels seine Zuständigkeit einem Gericht des Altreichs. Da dieses die Übernahme ablehnte, legte das österreichische Gericht die Akten dem Reichsgericht vor. Dieses gab sie zur weiteren Veranlassung an das Oberlandesgericht München. Die zwischen dem Deutschen Reich und Österreich geschlossenen Abkommen sind zwar mit dem Ende der Staatspersönlichkeit Österreichs als zwischenstaatliche Verträge erloschen; soweit aber durch sie eine Erleichterung des Rechtsverkehrs herbeigeführt werden sollte, müssen ihre Bestimmungen weiter angewandt werden. Mit der Schaffung Großdeutschlands wurden die Rechtsbeziehungen zwischen Österreich und dem Altreich nur vertieft und erweitert, nicht aber erschwert. Die Übertragung einer Vormundschaft von einem Gericht der Ostmark auf ein Gericht des Altreiches bedarf daher auch jetzt keiner Genehmigung durch das Altreich. Weigerte sich das deutsche Gericht, die Vormundschaftssache zu übernehmen, so war dem obersten Gerichtshof in Wien eine Abhilfe dagegen nicht möglich. In keiner anderen Rechtslage befindet sich jetzt das Reichsgericht, auf das die Zuständigkeit des obersten Gerichtshofs übergegangen ist und das auch nach den Gesetzen des Altreichs keine Zuständigkeit zum Einschreiten hat. (VIII, 1. Juli 1939.) Amtl. Sammlg. S. 372—373.

67. Ehescheidung. Widerspruchrecht. Schuldantrag. (EheG. §§ 55, 61.) Ehegatten, die im Jahr 1924 miteinander die Ehe eingegangen hatten, lebten seit dem Jahr 1924 getrennt. Der Ehemann klagte aus § 55 EheG. auf Scheidung. Die Beklagte widersprach der Scheidung, weil der Kläger durch ein ehebrecherisches Verhältnis die Zerrüttung der Ehe allein verschuldet habe; sie erklärte sich bereit, mit dem Kläger die eheliche Gemeinschaft wieder aufzunehmen. In zwei Rechtszügen wurde die Klage abgewiesen. Das Reichsgericht schied die Ehe und erklärte den Kläger für alleinschuldig. Das Berufungsgericht hatte festgestellt, daß die Ehe unheilbar zerrüttet war und daß jedenfalls vom Kläger die Wiederherstellung einer dem Wesen der Ehe

entsprechenden Lebensgemeinschaft nicht erwartet werden konnte. Damit waren die Voraussetzungen für die Scheidung nach § 55 EheG. gegeben. Auf die von der Beklagten erklärte Bereitschaft, die eheliche Gemeinschaft mit dem Kläger fortzusetzen, konnte es nicht ankommen. Zugunsten der Beklagten war anzunehmen, daß der Kläger allein an der Zerrüttung der Ehe die Schuld trug und daß also der Beklagten das Recht zustand, der Scheidung zu widersprechen; der Widerspuch konnte aber keine Beachtung finden. Im Mittelpunkt der Betrachtung haben hier nicht die Belange der Parteien zu stehen, sondern jene der Allgemeinheit, die völkischen und bevölkerungspolitischen Gesichtspunkte. Es kann nur darauf ankommen, ob es einen Sinn hat, eine zerrüttete und damit ihres wesentlichen Gehalts verlustig gegangene Ehe aufrecht zu erhalten. Die Frage war zu verneinen. Die Parteien lebten seit mehr als 14 Jahren getrennt; ihre Ehe bestand seitdem nur als hohle Form fort. Die Aufrechterhaltung einer solchen Ehe hatte für die Volksgemeinschaft keinen Wert. Die Rücksichtnahme auf ihre Belange rechtfertigte es vielmehr, dem Kläger, der sich in einem Alter befand, in dem er noch eine für die Volksgemeinschaft wertvolle neue Ehe eingehen konnte, dies trotz seiner schweren Schuld durch Lösung der inhaltlos gewordenen Ehe der Parteien zu ermöglichen. Gründe, die es sittlich gerechtfertigt erscheinen ließen, den Kläger an den durch die Ehe übernommenen Pflichten festzuhalten, lagen nicht vor. Der einzige Sohn der Parteien stand im 19. Lebensjahr; die Rücksicht auf ihn konnte die Aufrechterhaltung der Ehe nicht rechtfertigen. Die Beklagte war 45 Jahre alt, befand sich also ebenfalls in einem Alter, in dem es ihr voraussichtlich noch möglich war, sich eine neue Lebensgrundlage aufzubauen. Daß die Beklagte durch die Scheidung ihre Aussicht auf Witwenversorgung einbüßte, konnte für sich allein die Aufrechterhaltung der Ehe um so weniger rechtfertigen, als es völlig ungewiß war, ob der Fall der Witwenversorgung überhaupt eintrat. Die Beklagte hatte nicht ausdrücklich beantragt, den Kläger für schuldig zu erklären. Im Zweifel ist aber anzunehmen, daß der Ehegatte, der unter Berufung auf die alleinige oder überwiegende Schuld des klagenden Ehegatten der Scheidung widerspricht und aus diesem Grunde die Abweisung der Klage beantragt, damit auch die Schuldigerklärung des Klägers für den Fall beantragen will, daß der Widerspruch nicht beachtet und die Ehe geschieden wird.
(IV, 15. Juni 1939.) Amtl. Sammlg. S. 373—378.

Vgl. Bd. 159 S. 305; Bd. 160 S. 15.

68. Berufungsbegründung. Armenrecht. Wiedereinsetzung in den vorigen Stand. (ZPO. §§ 232, 233.) Gegen das Urteil des Landgerichts legte der Beklagte am 10. Februar 1939 Berufung ein. Mit einer Eingabe vom 8. März erwirkte sein Anwalt Verlängerung der Frist zur Begründung der Berufung bis zum 25. März. Am 11. März teilte er dem Berufungsgericht mit, daß er den Beklagten nicht mehr vertrete. Das Berufungsgericht verwarf am 18. April die Berufung als unzulässig, weil sie nicht begründet war. In einer Eingabe vom 28. April, die am 2. Mai beim Berufungsgericht einging, erhob der Beklagte gegen den Beschluß vom 18. April sofortige Beschwerde; zugleich nahm er Bezug auf sein früheres Armenrechtsgesuch und bat um Bestellung eines beim Berufungsgericht zugelassenen Rechtsanwalts. Das Berufungsgericht legte die Sache dem Reichsgericht vor. Die Beschwerde war verspätet eingelegt worden; das Reichsgericht behandelte aber die Eingabe als Gesuch um Wiedereinsetzung in den vorigen Stand und um Bewilligung des Armenrechts für das Beschwerdeverfahren und gab der Beschwerde statt. Die Frist für die Begründung der Berufung war allerdings versäumt; gleichwohl konnte die Berufung nicht als unzulässig verworfen werden, solange die Möglichkeit bestand, daß dem Beklagten gegen die Versäumung der Frist Wiedereinsetzung in den vorigen Stand bewilligt würde. Er war an der Wahrung der Frist durch einen unabwendbaren Zufall, nämlich seine Armut, gehindert. Dadurch, daß der Beklagte zunächst einen Anwalt gefunden hatte, der für ihn die Berufung einlegte und einen Antrag auf Verlängerung der Begründungsfrist stellte, war das Hindernis noch nicht endgültig beseitigt; das zeigte sich darin, daß der Anwalt noch während des Laufes der Frist die Vertretung des Beklagten niederlegte. Ob er verpflichtet gewesen wäre, trotzdem für den Beklagten solange zu handeln, bis für die Wahrnehmung der Rechte des Beklagten in anderer Weise gesorgt war, konnte dahingestellt bleiben; ein Verschulden des Anwalts an der Versäumung der Frist hätte dem Beklagten nicht zur Last gelegt werden können, da der Anwalt nicht mehr Vertreter des Beklagten war. Das Gesuch des Beklagten um Bewilligung des Armenrechts für das Berufungsverfahren war unbeschieden geblieben. Erst nach der Bescheidung — im Falle der Versagung des Armenrechts unter Hinzurechnung einer angemessenen Frist zur Beschaffung der nötigen Geldmittel und zum Aufsuchen eines Anwalts — hätte die Frist für den

Antrag auf Wiedereinsetzung in den vorigen Stand zu laufen begonnen. (IV, 15. Juni 1939.)

Amtl. Sammlg. S. 378—380.

Vgl. Bd. 141 S. 304; Bd. 145 S. 228; JW. 1935 S. 2287; 1937 S. 1437.

69. Fliegenbelästigung. Schafzucht. Nachbarrecht. (BGB. § 906.) Am Rande einer Stadt lag ein Bauernhof, in dem eine Schafherde von etwa 200 Stück gehalten wurde; diese weideten auf dem in der Nähe gelegenen Exerzierplatz. Die Eigentümer von Wohnhäusern, die in der Nähe lagen, beschwerten sich darüber, daß Schwärme von Fliegen aus den Schafställen in ihre Wohnungen kämen. Sie beantragten, dem Eigentümer des Hofes das Halten von Schafen zu verbieten. Das Berufungsgericht wies die Klage ab. Die Revision der Kläger blieb ohne Erfolg. Als erwiesen hatte das Berufungsgericht angenommen, daß in den Häusern der Kläger eine Fliegenplage bestand, die über den Rahmen des Auftretens von Fliegen in städtischen Verhältnissen hinausging, und daß diese Fliegen ihren Ausgang von den Schafställen im Hofe des Beklagten nahmen; die Klage war aber mit der Begründung abgewiesen worden, daß eine unzulässige Einwirkung nicht vorliege, da in der fraglichen Gegend landwirtschaftliche Betriebe und Kleinsiedlungen sich befänden, mit denen zahlreiches Auftreten von Fliegen immer verbunden sei. Das Reichsgericht erklärte diese Ausführungen für rechtlich einwandfrei. Ob die Kläger zur Duldung der ihre Grundstücke wesentlich beeinträchtigenden Einwirkung verpflichtet waren, hing davon ab, ob die Benutzung des Hofes zur Unterbringung einer so großen Schafherde eine nach den örtlichen Verhältnissen übliche Benutzung dieses Grundstücks war. Die Nützlichkeit und Notwendigkeit der Schafzucht ergibt noch nicht ihre Zulässigkeit an jedem Orte. Es handelte sich aber nach den Feststellungen des Berufungsgerichts um Grundflächen, die etwa eine halbe Stunde außerhalb der geschlossenen Stadt lagen und vorwiegend landwirtschaftlich benutzt wurden. Zwischen Weideland und Acker lagen verschiedene Wohnhäuser, hauptsächlich in der Form von Kleinsiedlungen mit Haltung von Kleinvieh und Geflügel. Die Nähe des Exerzierplatzes legte das Halten von Schafen besonders nahe. Der Umstand, daß der Beklagte den Klägern ihre Grundstücke als Bauplätze verkauft hatte zu einer Zeit, da dort noch keine Schafe gehalten wurden, änderte hieran nichts; die Erbauung einzelner Wohnhäuser beeinflußte die auf landwirtschaftliche Einstellung hinweisende Art der Gegend nicht. Die

Kläger mußten deren Schattenseiten hinnehmen. Der Beklagte war nicht gehindert, eine den Klägern lästige Veränderung in der Bewirtschaftung vorzunehmen, die im Zuge der wirtschaftlichen Entwicklung lag, solang er damit die Grenzen des Ortsüblichen nicht überschritt. Er hatte alles getan, was ihm zur Herabminderung der Fliegenplage möglich war; damit hatte er die ihm aus dem nachbarlichen Gemeinschaftsverhältnis obliegenden Pflichten erfüllt. (V, 22. Juni 1939.)

Amtl. Sammlg. S. 381—385.

Vgl. Bd. 141 S. 416; Bd. 155 S. 154.

70. Unlauterer Wettbewerb. Warenprobe. (UnlWG. § 1.) Für einen Sperrwickler, der in eine Vorrichtung zur Herstellung von Dauerwellen eingesetzt werden konnte, war ein Patent erteilt. Der Inhaber des Patents, der auch solche Vorrichtungen vertrieb, gab in einer Fachzeitschrift für Friseure bekannt, daß er gegen Einsendung des der Ankündigung beigefügten Gutscheins ganz unverbindlich und kostenlos die vollständige Garnitur eines patentierten Sperrwicklers übersende, damit der Empfänger die Möglichkeit habe, die Behauptungen der Ankündigung selbst nachzuprüfen. Auf dem Gutschein war vermerkt, daß der Preis des Sperrwicklers 6 RM. betrage. Auf die Klage eines Konkurrenten wurde dem Inhaber des Patents die Verbreitung der Gutscheine verboten und seine Pflicht zum Schadenersatz festgestellt. Es läuft den Grundsätzen des lauteren Wettbewerbs zuwider, wenn ein Kaufmann Ware, die er in seinem Unternehmen führt und ihrer Bestimmung gemäß regelmäßig im Wege des entgeltlichen Umsatzes vertreibt, schenkweise abgibt, um dadurch neue Kunden zu gewinnen oder seinen Absatz zu erhalten. Das bedeutet allerdings nicht, daß der Kaufmann in jedem Falle gehindert wäre, durch kostenlose Warenabgabe sein Geschäft zu fördern; sie muß aber ein betriebswirtschaftlich gerechtfertigtes und für die Allgemeinheit unschädliches Werbemittel sein. Insbesondere ist es nicht zu beanstanden, wenn dem Verbraucher durch eine kostenlose Verteilung von Warenproben Gelegenheit gegeben wird, sich über die Güte und Brauchbarkeit einer Ware zu unterrichten. Eine Probe liegt nur vor, wenn die Warenabgabe nicht die Menge übersteigt, deren es bedarf, um die Ware sachgemäß ausprobieren zu können; unter dieser Voraussetzung kann selbst die Abgabe einer Menge zulässig sein, die regelmäßig auch für einen entgeltlichen Warenabsatz in Betracht kommt, wenn anders eine Erprobung nicht vorgenommen werden kann. Die Grenze wird überschritten, wenn die Probe über ihre

Zweckbestimmung hinaus zugleich geeignet ist, dem Empfänger einen bleibenden wirtschaftlichen Wert zuzuführen, wie er ihn sonst nur im Wege entgeltlichen Erwerbs der Ware erlangen kann. In diesem Fall erschöpft sich die Wirkung der Probegewährung nicht mehr in dem wirtschaftlich tragbaren und gerechtfertigten Wettbewerbszweck der Kundengewinnung, sondern greift über diesen hinaus auf das Gebiet der Bedarfsdeckung über, die nach kaufmännischen Grundsätzen und aus Gründen des Gemeinwohls dem entgeltlichen Warenabsatz vorbehalten soll. Der vom Beklagten angebotene Sperrwickler hatte einen nicht unerheblichen Verkehrswert; er behielt seine Benutzbarkeit auch nach der Erprobung und stellte in solchem Zustand eine verkehrsfähige Ware dar, deren Wert der Empfänger sich zunutze machen konnte, indem er den Wickler im eigenen Betriebe verwandte oder gegen Entgelt veräußerte. Anders liegt die Sache, wenn eine Ware durch die Erprobung verbraucht wird und darum als verkehrsfähiges Gut untergeht. So ist die Auffassung gebilligt worden, daß die unentgeltlich abgegebene Originalpackung eines Waschmittels noch als zulässige Probe zu betrachten sei, da eine solche Menge benötigt werde, um die Brauchbarkeit des Mittels in einem regelmäßigen Waschvorgang festzustellen. Da sich der Beklagte mit seiner Ankündigung an Friseure wandte, die nicht zu seinen Kunden gehörten, schied der Gesichtspunkt einer Erkenntlichkeit für Kundentreue von vornherein aus, wobei unerörtert bleiben konnte, ob nicht auch einem solchen Vorgehen schon mit Rücksicht auf den nicht unerheblichen Wert der Zusendung die Billigung zu versagen wäre. (II, 24. Juni 1939.)

Amtl. Sammlg. S. 385—392.

Vgl. Bd. 149 S. 242; JW. 1936 S. 2073; 1938 S. 117, 2978.

71. Ehescheidung. Beiderseitige Schuld. (EheG. §§ 55 61.) Eine Scheidungsklage war im Jahr 1935 abgewiesen worden; das Urteil hatte die Rechtskraft erlangt. Nach dem Wechsel der Ehegesetzgebung verlangte der Ehemann Scheidung auf Grund getrennten Lebens seit dem Jahr 1935 und Zerrüttung der Ehe durch überwiegendes Verschulden der Frau. Die Frau verlangte Abweisung der Klage, hilfsweise die Feststellung der alleinigen oder doch überwiegenden Schuld des Klägers. Das Berufungsgericht erkannte auf Scheidung aus Verschulden des Klägers. Seine Revision hatte Erfolg. Die Voraussetzungen des § 55 EheG. waren nachgewiesen; Bedenken ergaben sich aber gegen die Feststellung, daß den Kläger ein überwiegendes Verschulden treffe. Darin, daß der Kläger übermäßig viel trank und häufig berauscht nach Hause kam, daß er sehr viel ausging und mit der Beklagten keine rechte Ehegemeinschaft pflog, hatte schon das Berufungsgericht keine schwere Eheverfehlung erblickt, weil dieses Verhalten auf die Tätigkeit des Klägers in der Partei und auf seinem Zusammensein mit Sturmkameraden beruhte. Eine schwere Eheverfehlung war in ehewidrigen Beziehungen des Klägers zu einer anderen Frau erblickt worden; diese Beziehungen hatten aber erst ein Jahr nach der Trennung der Ehegatten begonnen. Der Beklagten war nachgewiesen worden, daß sie wiederholt angetrunken gewesen sei und sich unanständig benommen habe. Unter diesen Umständen hätte es einer Prüfung bedurft, ob nicht die Zerrüttung der Ehe im wesentlichen auf den Umständen beruhte, die schon zur Trennung der Ehegatten geführt hatten, und ob nicht die Annäherung des Klägers an eine andere Frau eine Folge der Zerrüttung der Ehe, nicht aber ihe Ursache war. Das Berufungsgericht hatte rechtsirrig nur auf die Schwere der Verfehlungen Wert gelegt, ihrem Einfluß auf die Zerrüttung der Ehe aber nicht die gebührende Beachtung geschenkt. Die Feststellung der überwiegenden Schuld des Klägers an der Zerrüttung der Ehe war allerdings für die Frage, ob die Ehe auf seine Klage hin zu scheiden war, nicht von maßgebender Bedeutung; der Widerspruch der Beklagten war ohnehin unbeachtet geblieben, weil die Aufrechterhaltung der Ehe nicht sittlich gerechtfertigt erschien. Auch für die Unterhaltsansprüche der Frau war es nicht erheblich, ob auch sie für schuldig befunden werden mußte. Die Folgen in dieser Hinsicht sind die gleichen, ob der Kläger für alleinschuldig oder für überwiegend schuldig erklärt wird. Anders liegt es aber, wenn beide Ehegatten die Schuld an der Zerrüttung der Ehe ohne überwiegendes Verschulden des einen von ihnen tragen. Daher war es für den Fall, daß der Kläger nicht überwiegend schuldig war, von Bedeutung, ob auch ein Schuldausspruch zu Lasten der Ehefrau möglich gewesen wäre. Das Berufungsgericht hatte eine solche Möglichkeit verneint, weil der Kläger bei Scheidung der Ehe aus § 55 EheG. eine Schuldigerklärung der Beklagten nicht erreichen könne. Diese Auffassung, die allerdings mit dem Wortlaut des Gesetzes im Einklang steht, erklärte das Reichsgericht für nicht gerechtfertigt. Wenn die beklagte Partei zur Zeit der Klageerhebung das Recht, die Scheidung wegen Verschulden des Klägers zu verlangen, schon verloren hat, ist ihrem Antrag, den Kläger für schuldig zu erklären, nur bei Billigkeit stattzugeben; eine solche Billigkeit könnte nicht anerkannt werden, wenn die Beklagte in gleicher Weise an der Zerrüttung schuldig wäre. Da im vorliegenden Falle der Beklagten noch das Recht zustand, die Scheidung wegen Verschulden des Klägers zu verlangen, mußte einem solchen Antrag stattgegeben werden; der Kläger müßte nach der Auffassung des Berufungsgerichts für alleinschuldig erklärt werden, auch wenn vielleicht die Schuld der Beklagten größer war und den Keim für die Zerrüttung der Ehe bildete. Eine unbillige Entscheidung mit den unbilligen Folgen der Unterhaltsverpflichtung müßte die Folge sein. Diesen Sinn kann das Ehegesetz nicht haben; aus der Begründung des Gesetzes ergibt sich deutlich, daß unbillige Entscheidungen verhindert werden sollen. Die knappe Fassung des § 61 EheG. erklärt sich daraus, daß der Gesetzgeber als Regelfall die Alleinschuld des Klägers an der Zerrüttung der Ehe im Auge hatte. Selbst die Feststellung einer überwiegenden Schuld der Beklagten kann der Kläger gegebenenfalls verlangen; Voraussetzung dafür ist nur, daß die beklagte Partei den Ausspruch, daß den Kläger eine Schuld trifft, verlangt und erzielt. (IV, 3. Juli 1939.)

Amtl. Sammlg. S. 392—396.

72. **Ehescheidung polnischer Staatsangehöriger.** (EGz.-BGB. § 13; ZPO. § 606.) Ein volksdeutscher Russe kam im Jahr 1914 mit seiner Familie nach Deutschland und blieb dort auch während des Krieges und nach dessen Ende. Die Gemeinde, in deren Heimatregister er eingetragen war, kam durch den Friedensvertrag von Riga (18. März 1921) zu Polen. Nach diesem Vertrag hatte er das Recht, für Polen oder Rußland zu optieren; er machte davon keinen Gebrauch. Sein Sohn, der damals noch minderjährig war, schloß im Jahr 1931 in Berlin die Ehe mit einer Deutschen. Im Jahr 1937 verließ ihn seine Frau. Er klagte auf Scheidung aus § 1568 BGB. Die Frau erhob Widerklage mit dem gleichen Antrag. In zwei Rechtszügen wurde die Klage und Widerklage abgewiesen, weil die Parteien Polen seien und daher den deutschen Gerichten die Zuständigkeit für die Entscheidung fehle. Das Reichsgericht verwies die Sache zurück. Die Einstellung der polnischen Behörden zu der Frage, ob solche Personen als Polen zu behandeln sind, ist nicht einheitlich. Das Außenministerium vertrat die Auffassung, daß sie die polnische Staatsangehörigkeit nur durch Option erlangen können; das Justizministerium nimmt an, daß sie als Polen zu betrachten seien und nur das Recht der Option für Rußland gehabt hätten. In dem ihm ausgestellten Fremdenpaß war der Kläger als staatenlos bezeichnet. Die Vorschrift des § 606 ZPO., wonach

für Scheidungsklagen von Ausländern die deutschen Gerichte nur zuständig sind, wenn ihre Zuständigkeit auch nach ausländischem Recht begründet wäre, verfolgt den Zweck, Unzuträglichkeiten vorzubeugen, die sich daraus ergeben würden, daß die deutschen Scheidungsurteile in dem Staat, dem die Ehegatten angehören, nicht anerkannt würden. An sich war das anzunehmen, da nach polnischem Recht ausländische Urteile über die Ehescheidung von Polen nur anerkannt werden, wenn polnisches Recht angewandt worden ist; vertraglich ist die Frage zwischen Deutschland und Polen nicht geregelt. Die besonderen Umstände des vorliegenden Falls ließen es aber geboten erscheinen, hierüber wegzusehen. Der Kläger befand sich seit seinem 11. Lebensjahr in Deutschland und hatte hier eine Heimat gefunden; eine Rückkehr in seine frühere Heimat kam nicht in Frage. Die Frau hatte zu Polen überhaupt keine Beziehungen. Hiernach erschien es ausgeschlossen, daß ein polnisches Gericht je in die Lage kommen würde, zur Frage der Anerkennung eines deutschen Scheidungsurteils ablehnend Stellung zu nehmen. Schwierigkeiten konnten sich nur ergeben, wenn die Parteien, ohne die deutsche Staatsangehörigkeit erlangt oder wiedererlangt zu haben, nach ihrer Scheidung in Deutschland eine neue Ehe eingehen wollten; die Fähigkeit hiezu bestimmte sich nach polnischem Recht und nach diesem würde ihre frühere Ehe noch zu Recht bestehen. Diese Schwierigkeiten ließen es aber für sich allein nicht rechtfertigen, ihnen die Scheidung ihrer jetzigen Ehe in Deutschland zu versagen. Es würde eine Überspannung der sich aus § 606 Abs. 4 ZPO. ergebenden Selbstbeschränkung der deutschen Gerichtsbarkeit bedeuten, wenn bei den innerhalb der polnischen Behörden in der Frage der Staatsangehörigkeit der Parteien bestehenden Meinungsverschiedenheiten lediglich die der Zuständigkeit der deutschen Gerichte entgegenstehende Auffassung berücksichtigt würde. (IV, 3. Juli 1939.)

Amtl. Sammlg. S. 396—404.

Vgl. Bd. 85 S. 156; Bd. 150 S. 293; Bd. 154 S. 95; JW. 1936 S. 2458; 1937 S. 1324.

Gesetzesregister.

Seitenzahlen der amtlichen Sammlung.

1 1—2; **2** 3—7; **3** 7—15; **4** 15—19; **5** 19—23; **6** 23—30;
7 31—37; **8** 37—41; **9** 41—45; **10** 45—48; **11** 48—52;
12 52—61; **13** 61—64; **14** 65—71; **15** 71—83; **16** 83—87;
17 88—92; **18** 92—95; **19** 95—104; **20** 104—109;
21 109—112; **22** 112—115; **23** 115—118; **24** 119—122;
25 122—128; **26** 129—134; **27** 134—139; **28** 140—144;
29 144—148; **30** 148—153; **31** 153—157; **32** 157—162;
33 163—166; **34** 166—189; **35** 189—190; **36** 191—192;
37 193—204; **38** 204—216; **39** 216—220; **40** 220—225;
41 225—235; **42** 236—241; **43** 241—246; **44** 246—250;
45 250—252; **46** 253—255; **47** 255—256; **48** 257—270;
49 270—273; **50** 273—280; **51** 280—285; **52** 285—290;
53 291—293; **54** 293—300; **55** 300—307; **56** 307—310;
57 310—316; **58** 317—320; **59** 321—326; **60** 326—332;
61 332—338; **62** 338—349; **63** 349—360; **64** 361—369;
65 369—372; **66** 372—373; **67** 373—378; **68** 378—380;
69 381—385; **70** 385—392; **71** 392—396; **72** 396—404.

Sachregister.

FSC
www.fsc.org
MIX
Papier | Fördert
gute Waldnutzung
FSC® C083411

Kolibri 360 GmbH
Ferdinand-Jühlke-Straße 7
99095 Erfurt, Deutschland
produktsicherheit@kolibri360.de